Juste un passage au JT

lucpire
éditions

Éditions Luc Pire [Renaissance SA]
Drève Richelle, 159 – 1410 Waterloo
Éditions Luc Pire
www.editionslucpire.be

Marius Gilbert — Juste un passage au JT
Édition : Morgane De Wulf
Correction : Astrid Legrand
Mise en pages : Philippe Dieu
Impression : Graphius

ISBN : 9782875422460
DÉPÔT LÉGAL : D/2021/12.379/13

Marius Gilbert

Juste un passage au JT

lucpire
éditions

TABLE DES MATIÈRES

CHAPITRE 1

Sauter à pieds joints dans le vide

Nous sommes le jeudi 18 mars 2021, il est 19h. Je suis en quarantaine dans l'attente du résultat du test PCR réalisé ce midi. Tout s'est très bien passé. L'application Coronalert m'a averti par une notification que j'avais eu plusieurs contacts à risque et, depuis hier, j'ai un léger mal de gorge, la tête un peu lourde, presque rien. Au réveil, j'ai attrapé mon téléphone sur la table de nuit et, en moins de cinq minutes, j'ai eu un rendez-vous dans la matinée. J'ai pris une douche, un café et j'ai sauté sur mon vélo. Le centre de testing est à peine à dix minutes de trajet.

Dans la file de gauche, ceux qui viennent se faire vacciner, et dans celle de droite, ceux qui sont là pour être testés. Dès qu'une personne âgée s'approche de la porte d'entrée un papier à la main, un des stewards lui désigne la file de gauche. Pour moi et quelques dizaines d'autres dont certains me fixent avec curiosité, c'est un parcours fléché dans les couloirs du centre. Je décline mon identité à celui qui enregistre ma demande de test derrière une paroi de plexiglas, puis je passe au prélèvement nasopharyngé qui se fait dans des cagibis isolés, tête en arrière, sensation un peu désagréable, ça chatouille. C'est la deuxième fois pour moi cette année. L'ensemble n'a pas dû prendre plus de quinze minutes. Je suis rentré chez moi et l'après-midi, moins de vingt-quatre heures après que l'un de mes contacts proches a été déclaré positif, ce qui avait déclenché l'application Coronalert, je suis déjà appelé par le centre de testing. Et pendant que l'employée me récite les différentes étapes, qu'elle m'explique avec patience les nuances entre quarantaine et isolement, mon esprit s'évade, je repense aux heures de réunions passées, il y a à peine quelques mois, à convaincre les hommes politiques que ce système de « testing et tracing » opérationnel était la clé du déconfinement et, avec lui, du retour de nos libertés.

Et là, tout marche bien.
Tout marche très bien...
Le rêve...
Enfin, non, pas vraiment.

Oui, les écoles, les magasins et les coiffeurs sont ouverts. Nous pouvons fréquenter nos proches en petits nombres dans les parcs et jardins. Nous sommes autorisés à aller contempler quelques œuvres dans les musées. Mais toute la société vit sous le couvercle suffocant d'un ensemble de mesures encore en application. Les enfants n'ont plus vu un professeur « en vrai » depuis des mois, les salles de spectacle sont fermées, les travailleurs des bars et restaurants désespèrent, les artistes tentent de survivre. Lorsque je regarde par la fenêtre, le soir après 22h, dans cette rue normalement si animée, il n'y plus que des Uber, quelques vélos pressés, des piétons qui hâtent le pas dans la crainte d'une amende. Et depuis peu, on assiste à une remontée des hospitalisations, les chiffres des admissions en unité de soins intensifs ne cessent de grimper, la vaccination traîne, le gouvernement envisage encore de nouvelles mesures, la population n'en peut plus et la contestation se renforce de jour en jour, ici de manière justifiée, là dans l'exagération et l'inconscience.

Comment en sommes-nous arrivés là ?

Chacun a son histoire, son vécu, son ressenti face à un événement de cette ampleur, cette pandémie qui aura transformé toutes les composantes de la vie collective. Chacun porte ses propres incompréhensions, ses révoltes, ses drames, ses impuissances, ses moments d'accalmie, de respirations et de découragements. Car cette épidémie touche aux fondements de ce que nous sommes, nous, animaux sociaux qui structurons nos existences autour des interactions que nous entretenons les uns avec les autres. Et même si nous sommes aujourd'hui en mesure de partager dans l'instant des images, des sons et des mots, avec un ami ou un parent vivant de l'autre côté de la Terre, nous restons désarmés, désemparés, perdus qu'il nous soit ainsi interdit de serrer dans nos bras ceux que l'on aime, et qui ne se trouvent parfois qu'à quelques pas de nous. Chacun a son histoire et, dans cette petite Belgique nichée au cœur de l'Europe, la mienne a pris un tournant inattendu il y a à peine un an.

Depuis de nombreuses années, loin des regards, avec une communauté de chercheurs des quatre coins du monde, nous traquons les risques de pandémie. Après des études d'agronomie, j'ai réalisé ma thèse de doctorat sur la propagation d'un parasite de l'épicéa en utilisant des méthodes d'analyses spatiales. Je me suis ensuite intéressé aux organismes que l'on peut appeler « bioagresseurs » comme les insectes ravageurs, les espèces envahissantes ou les pathogènes et aux moyens de mesurer, quantifier et prédire leur propagation géographique. Plusieurs années de collaboration avec la FAO et l'université d'Oxford m'ont ensuite amené à appliquer ces méthodes à la santé humaine et animale.

Il y a peu, j'ai relu un tweet de décembre 2017 dans lequel je présentais les résultats d'une étude que nous avions publiée sur le risque d'émergence de grippe aviaire H7N9[1] en Chine. C'est étonnant. Aujourd'hui, je suis devenu un de ces scientifiques « experts » dont chaque intervention sur Twitter est scrutée, voire reprise *in extenso*, par les médias belges. Mais ce tweet de 2017 est resté sans commentaire en dehors de 6 « J'aime » et 19 « Retweet », dont la moitié par de proches collaborateurs. Pourtant, la menace était là, bien là, sous nos yeux. Entre 2013 et 2017, ce virus H7N9 avait contaminé des centaines de personnes en Chine avec des taux de décès supérieurs à 30 %. Un pourcentage bien plus élevé que celui du SRAS-CoV-2 aujourd'hui. Et à chaque personne infectée au contact de la volaille, il y avait le risque infime, minuscule à l'échelle d'un individu, mais potentiellement si inquiétant à l'échelle du monde, que ce virus puisse accumuler des mutations, ou se recombiner avec un autre, lui permettant d'acquérir la capacité de se propager largement dans la population. C'était une véritable menace de santé publique mondiale. Mais qui s'y intéressait vraiment, en dehors des scientifiques ?

Virologues, épidémiologistes, médecins, vétérinaires, ornithologues, mathématiciens, géographes, spécialistes de la production de volaille, spécialistes en télédétection, anthropologues, sociologues, économistes, nous formions tous

1 Les grippes sont catégorisées selon les différents types des deux protéines de surface du virus, l'hémagglutinine H et la neuraminidase N.

une communauté de scientifiques qui, bien éloignée des feux médiatiques, essayait de comprendre d'où ces virus venaient, comment ils évoluaient et se transmettaient. Car, avant les épidémies de virus de grippe aviaire H7N9, il y avait eu ces centaines de cas humains de grippe aviaire H5N1, puis des cas plus isolés de H5N6 ou de H10N8. C'était à chaque fois de nouveaux virus, de nouveaux candidats à l'émergence, à chaque fois un tirage de dés. On examinait les sites de contact entre les oiseaux sauvages et les élevages de volaille, ce que l'on appelle les « interfaces ». On étudiait comment ces virus se propagent et évoluent le long des chaînes de commercialisation. On cartographiait les zones à risque où il faudrait intensifier la surveillance. On s'intéressait aux transformations sociales, culturelles ou économiques qui seraient nécessaires pour réduire ces risques et empêcher les transmissions. Au final, notre travail était de tout faire pour qu'une pandémie ne se déclenche pas. Venant de Chine, de Thaïlande, du Vietnam, des États-Unis, de France, du Royaume-Uni, d'Italie, on se retrouvait lors de conférences, de workshops, de visites de terrain. C'était ce quotidien qui nous animait et nous anime toujours, et que les scientifiques connaissent bien, un travail constant d'échanges dans un langage commun, pour essayer d'apprendre, de comprendre et de résoudre un problème, une question donnée.

La communauté de scientifiques qui travaillait ainsi sur les grippes aviaires et porcines s'élargissait à celle de ceux qui s'intéressaient à d'autres menaces pandémiques : le SRAS (syndrome respiratoire aigu sévère) de 2003 bien sûr, qu'on a un peu oublié, le virus Nipah qui fit des centaines de morts au Bangladesh et en Malaisie, le syndrome respiratoire du Moyen-Orient (MERS) qui, après avoir émergé dans la péninsule arabique, réussit à se propager par le transport aérien à la Corée du Sud et à une vingtaine d'autres pays, ou le virus Ebola qui fit des ravages en Afrique de l'Ouest et fit trembler au-delà de ses frontières. Il y en eut plusieurs des virus qui faisaient quelques centaines, quelques milliers de cas, avec des taux de décès très importants, mais qui ne se transformèrent pas en pandémies.

Fin décembre 2019, toute cette communauté qui est abonnée à une liste de distribution appelée ProMed[2] reçoit par cette voie un email intitulé : « A cluster of undiagnosed pneumonia - China (Hubei) ». On y évoque un cluster de pneumonies sévères à Wuhan en lien avec un marché aux poissons. Le modérateur du message propose différentes hypothèses sur l'agent infectieux pouvant être en cause, et avance une résurgence éventuelle du SRAS de 2003. Ce type d'email n'a rien d'inhabituel. Régulièrement, des alertes comme celle-là sont diffusées, font l'objet d'un examen plus approfondi qui permet de déterminer les causes d'un événement épidémiologique en apparence atypique. Mais dans les jours qui suivent, les premiers tests sont effectués et excluent la possibilité que ces infections respiratoires soient causées par toute une série d'agents infectieux connus. Le 7 janvier, les scientifiques chinois lèvent le voile et annoncent la découverte d'un nouveau virus de la famille des coronavirus, la même famille que le SRAS et le MERS. Trois jours plus tard, les premières séquences génétiques de ce virus sont partagées avec le reste du monde. Très vite, des cas sont détectés en dehors de Wuhan et la crainte est confirmée : ces cas ne sont pas liés à une exposition commune à une source de contamination au marché de Wuhan, mais il y a bien des éléments qui indiquent qu'il y a transmission d'homme à homme. On a donc affaire à

2 ProMed International Society for Infectious Diseases, https://promedmail.org.

un nouveau virus qui a franchi la barrière de l'espèce, qui s'est adapté à l'homme, qui est capable de se transmettre d'une personne à une autre, et qui a l'air d'être la cause d'un taux de décès relativement important parmi les personnes infectées.

Les scientifiques qui s'intéressent aux maladies émergentes se mobilisent. On échange des emails, des tweets, on fait des visioconférences, on croise les données génétiques avec les séquences déjà connues, et certains commencent à rassembler les descriptions de cas dans une base de données reprenant tous les cas positifs, sans avoir la moindre idée de la tâche titanesque dans laquelle ils s'engagent. Et immédiatement, des tas d'autres questions se posent, dont les réponses n'arriveront qu'au compte-goutte. Quel est le taux de décès ? Comment se fait la transmission ? Des personnes sans symptômes apparents sont-elles susceptibles de transmettre la maladie ? Combien y a-t-il de personnes infectées, mais sans symptômes ? Quel est le taux de reproduction de base, le *R0*[3] ? Quel est le temps de génération[4] ? Tous ces paramètres doivent permettre d'évaluer la menace, car ils conditionnent la possibilité que l'épidémie puisse être contenue en Chine, ou au contraire l'impact que pourrait avoir une pandémie si cela s'avérait impossible.

En l'absence de données précises, on cherche des points de comparaison, on discute, on fait des analogies avec ce que l'on sait d'autres virus proches, et la première épidémie de SRAS fait office de référence. En 2003, cette épidémie avait aussi débuté en Chine avant de se propager à plusieurs pays du monde par

3 Ce paramètre mesure le nombre moyen de personnes infectées par une personne infectée en l'absence de toute mesure de contrôle dans une population entièrement susceptible d'être infectée.

4 Le temps moyen qu'il faut pour qu'une personne infectée en infecte une autre, généralement compté en jours.

le transport aérien, avec un taux de décès relativement élevé chez les personnes infectées. Heureusement, elle avait pu être contenue rapidement. Mais la mobilité humaine n'est plus ce qu'elle était. Entre 2003 et aujourd'hui, le trafic aérien vers et en provenance de Chine a été multiplié par 10 et le pays s'est complètement transformé. Au début des années 2000, la Chine était majoritairement rurale. Aujourd'hui, ce sont plus de 850 millions de personnes qui vivent dans des villes de toutes tailles, 60 % de la population totale, et cette urbanisation s'est faite parallèlement au développement rapide d'une classe moyenne consommatrice de mobilité. L'effet combiné de l'accroissement des distances parcourues par chacun et du nombre de personnes qui utilisent des moyens de transport fait de chaque Nouvel An chinois le plus grand événement mondial de migration humaine, avec près de 400 millions de voyageurs se déplaçant à cette occasion. Alors oui, peut-être qu'il a été possible de contenir le virus responsable du SRAS en 2003, mais la mobilité d'aujourd'hui le permettrait-elle encore ?

Les 13, 16 et 20 janvier, les premiers cas sont détectés en dehors de la Chine, et le 23 janvier 2020, alors qu'il n'y avait encore que 571 cas confirmés et 17 décès officiels la veille, vers 2h du matin, un lockdown est décidé pour la ville de Wuhan. Quelques centaines de milliers de personnes sur une population de près de 11 millions d'habitants arrivent à quitter la ville entre le moment de cette annonce nocturne et celui de la fermeture effective des transports publics et des routes, qui n'intervient que plus tard dans l'après-midi. Andy Tatem et Shengjie Lai, collaborateurs de longue date de l'université de Southampton, sont les premiers à se pencher sérieusement sur la question de l'impact de la mobilité sur la propagation géographique du virus à l'intérieur de la Chine et vers d'autres pays du monde. Ils utilisent les données agrégées de mobilité de Baidu, le réseau social chinois, les combinent avec celles sur les volumes de transports aériens et dressent dès le 25 janvier 2020 une première cartographie des lieux les plus à risque d'avoir importé des cas en provenance de Wuhan et de la province de Hubei. À ce moment-là, il n'y a toujours que 1 409 cas confirmés, mais l'on suspecte que ce ne soit que la partie émergée d'un iceberg dont on ne connaît pas la taille. Leur étude montre que le virus s'est déjà propagé à plusieurs provinces et villes chinoises avec une forte corrélation avec les volumes de passagers échangés. Ils montrent également qu'un très grand nombre de voyageurs potentiellement contaminés ont vraisemblablement déjà exporté le virus dans de nombreux pays du monde, principalement en Asie.

Pour les Belges, en cette troisième semaine de janvier, cette épidémie n'est encore qu'un sujet assez lointain que l'on évoque dans les médias. Elle n'a encore rien de plus concret ou de plus menaçant que certaines autres épidémies dont on a entendu parler dans le passé : grippe aviaire ou Ebola. L'Organisation mondiale de la santé, l'OMS, est assez rassurante et de nombreux observateurs, dont je suis, pensent encore qu'il est possible que cette épidémie puisse être contenue en Asie et ne se mue pas en pandémie.

Le 23 janvier, je suis contacté par la cellule communication de l'ULB. La chaîne belge d'information en continu LN24 cherche un expert en épidémiologie pour commenter l'évolution de la situation en Chine. Je suis alors en mission à l'étranger et dans l'incapacité d'y répondre favorablement. Au 1er janvier 2020, nous avons entamé un projet européen financé par le programme Horizon 2020 qui s'intitule : « MOnitoring Outbreak events for Disease surveillance in a data science context (MOOD)[5] » et dans lequel je codirige la composante modélisation avec Vittoria Colizza de l'Inserm. Il s'agit d'un projet important qui vise précisément au développement d'outils de veille permettant d'analyser des données comme celles qui s'accumulent jour après jour sur cette nouvelle maladie. Nous convenons avec la cellule communication de l'ULB de reprendre contact avec les médias pour leur présenter ce projet à mon retour. Entretemps, l'équipe de Vittoria Colizza publie en ligne un rapport qui présente une première estimation du risque d'importation du virus en Europe, et l'ULB publie un communiqué de presse pour présenter ce projet MOOD ainsi que ses résultats. À mon retour, une équipe de journalistes vient dans mon bureau pour préparer un sujet pour le journal télévisé de la RTBF, qui sera repris le lendemain avec cette citation : « Pas de raison qu'il n'y ait pas de cas en Belgique. On se demande plutôt quand cela va arriver. » Ce n'est pas ma première expérience médiatique. Les chercheurs sont régulièrement amenés à communiquer à l'occasion de résultats particulièrement importants ou de l'obtention de certains financements d'envergure. Je termine l'interview et je retourne vite à mes travaux sans avoir vraiment conscience d'avoir entamé là une longue, très longue série.

27 janvier. Avec certains partenaires du projet MOOD, Vittoria Colizza, Andy Tatem et Moritz Kraemer de l'université d'Oxford, nous décidons d'étudier le risque d'importation en Afrique en lien avec la vulnérabilité des systèmes de santé des différents pays. Vittoria Colizza a déjà publié ses conclusions sur l'Europe et nous jugeons qu'une analyse analogue sur l'Afrique serait urgente. En Chine, les données préliminaires indiquent

5 https://mood-h2020.eu.

une plus grande mortalité lorsque les structures de soin sont débordées. Il nous semble donc à ce moment-là que l'impact dans les pays à faibles revenus pourrait être particulièrement important, s'ajoutant au fardeau d'autres maladies endémiques. Pendant deux à trois semaines, nous travaillons d'arrache-pied à quantifier le risque d'importation dans différents pays africains, que nous mettons en lien avec des indicateurs sur leur vulnérabilité au risque épidémique. L'objectif est d'identifier les priorités en termes de surveillance et de réponse rapide, de manière à y concentrer les moyens de l'aide internationale qui se structure peu à peu. L'article sera soumis le 4 février au *Lancet*, revue de référence dans le monde médical. Il sera accepté pour publication quelques jours plus tard après un cycle de révision très rapide, et sortira le 20 février[6]. Vingt-quatre jours entre l'idée d'un article et sa publication, de toute ma carrière, je n'ai jamais publié un article aussi vite dans une revue aussi prestigieuse, ce n'est que le début du caractère exceptionnel de ce qui nous attend tous.

Je suis complètement absorbé par ces travaux et par le suivi journalier du développement de l'épidémie. Chaque jour, de nouvelles données s'accumulent, de plus en plus concrètes, de plus en plus proches, de plus en plus inquiétantes. Il y a de nombreuses descriptions de cas qui paraissent dans la littérature scientifique, ces vidéos de couloirs d'hôpitaux débordés à Wuhan, ces scanners thoraciques qui montrent des poumons dévastés, ces images de personnes intubées, le décès de ce médecin chinois de 34 ans qui fut l'un des premiers à lancer l'alerte, ces clusters familiaux comme celui de ce réalisateur

---

6 Marius Gilbert *et al.*, « Preparedness and vulnerability of African countries against importations of COVID-19 : a modelling study », *The Lancet*, 2020, https://doi.org/10.1016/S0140-6736(20)30411-6.

chinois, sa sœur, sa mère et son père, tous morts du coronavirus durant ce mois de février. Parfois, je dois me couper, me protéger. J'ai des bouffées d'angoisse liées à l'exposition forte et intense à ces informations et à ces images. Lire ces nouvelles induit un effet « loupe » qui amplifie le phénomène et me fait oublier de prendre en considération les millions de personnes qui vivent parfaitement bien, même à Wuhan, en plein cœur de l'épidémie. Mais même lorsque j'arrive à prendre du recul, une inquiétude de fond persiste. J'ai voyagé à de nombreuses reprises en Chine dans le cadre de mes travaux sur la grippe aviaire. J'ai eu des dizaines de réunions avec des scientifiques chinois. Ils sont bons, ils sont très bons, ils savent très bien de quoi ils parlent, certains de leurs hôpitaux et de leurs laboratoires sont parmi les plus modernes au monde. La Chine s'est modernisée et c'est une société qui a une capacité de mobilisation impressionnante. Si ce pays parvient à construire un hôpital en quelques semaines, à imposer un confinement strict à une population de 11 millions d'habitants et n'arrive pas à sauver certains de ses médecins ni à éviter une saturation de ses hôpitaux, qu'en sera-t-il chez nous, petite Belgique aux structures institutionnelles compliquées et aux valeurs démocratiques fondamentales ? Nous avons nos forces, comme une première ligne de médecins généralistes que la Chine n'a pas, mais j'ai la sensation que beaucoup voient encore cet immense pays avec une vision tronquée, dépassée. Comme si cela pouvait arriver « là-bas », mais pas « chez nous », avec nos médecins, notre système hospitalier, la fierté de notre secteur pharmaceutique, notre modernité. Aveugles à nos propres faiblesses qui sont forcément de nature différente.

Le 30 janvier, l'OMS reconnaît enfin le caractère international de la crise et le 4 février, le premier cas est recensé en Belgique, chez une personne rapatriée de Chine et ayant fait l'objet de tests avant et pendant ce rapatriement. Ce patient est isolé avant même d'avoir pu entrer en contact avec qui que ce soit, il n'y a pas le moindre risque de ce côté-là. La plupart des pays du monde se retrouvent confrontés à l'introduction de cas en provenance de Chine, voire à quelques transmissions se déroulant sur leur territoire. Mais pour chaque cas identifié, combien passent entre les mailles de la surveillance alors que les données chinoises indiquent déjà qu'une partie significative des personnes contaminées présente des formes bénignes dont les symptômes peuvent s'apparenter à une infection hivernale banale ? En Belgique, la « définition de cas » tarde de semaine en semaine à s'adapter à l'évolution géographique de l'épidémie. Combien de voyageurs sans symptômes sévères sont-ils revenus de Chine en ce mois de février ? Combien sont-ils revenus d'un autre pays où la maladie circule déjà ?

Les 19 et 21 février marquent un tournant lorsque l'Iran et l'Italie annoncent respectivement leurs premiers morts. Ces décès sont lourds de sens car, désormais, les données en provenance d'Asie nous permettent de mieux interpréter la mortalité. On sait déjà que celle-ci touche de manière disproportionnée les personnes âgées, mais que le taux de décès est relativement faible en comparaison à d'autres virus pandémiques comme le premier SRAS, le MERS ou la grippe aviaire. C'est évidemment une bonne nouvelle en termes de risque pour les personnes infectées, mais cela a des implications importantes. Les données disponibles en février indiquent qu'environ 80 % des personnes infectées font des formes bénignes, 15 % des formes sévères nécessitant une hospitalisation et 5 % se retrouvent aux soins intensifs avec un taux de décès qui tourne autour de 2 % des personnes détectées comme positives. Or, l'Iran annonce deux décès sans avoir précédemment communiqué sur l'identification de cas bénins. Cela signifie qu'il y a vraisemblablement des dizaines, voire des centaines, de cas non identifiés dans ce pays de 83 millions d'habitants. Deux jours plus tard, en Italie, même chose. Les quelques décès annoncés les 21, 22 et 23 février témoignent d'une circulation du virus complètement sous-estimée par les quelques dizaines de cas recensés par les autorités. Et plus l'Italie cherche des cas, plus elle en trouve. Une transmission hors de contrôle de ce nouveau virus s'est installée silencieusement dans un pays européen avec lequel nous échangeons énormément de voyageurs. Et les vacances de carnaval viennent à peine de commencer.

Les journées qui suivent sont un peu confuses. Je lis frénétiquement tout ce qui sort, je fais le tri entre articles de journaux, preprints[7], articles scientifiques publiés dans des revues internationales. Twitter m'aide énormément. Je suis les comptes de scientifiques soigneusement choisis, ce qui me permet d'identifier très rapidement les nouvelles publications importantes. Je suis aussi les comptes de quelques journalistes scientifiques expérimentés dans ce domaine qui joignent leur propre lecture des données scientifiques avec leur capacité d'investigation. Je dors mal. La nuit, toutes ces informations se mélangent, remontent, s'entrechoquent, s'entremêlent. Je suis de plus en plus invité sur les plateaux, sur LN24, aux télévisions nationales RTBF, RTL.

---

7 Avant de faire l'objet d'une révision par les pairs qui amènent les articles scientifiques à être révisés par les auteurs et éventuellement publiés par une revue scientifique, ces articles peuvent être postés sur une plateforme de partage qui permet de mettre précocement leurs résultats à la disposition de la communauté scientifique. Cependant, ces articles n'ont fait l'objet d'aucune relecture et l'évaluation de leur fiabilité est donc entièrement laissée à l'appréciation des lecteurs.

Un jour, en fin de matinée, la journaliste Nathalie Maleux m'appelle pour que j'intervienne dans l'édition du journal de 13h. Le ton est grave, des centaines de Belges ont été mis en quarantaine dans un hôtel en Espagne où quelques cas positifs ont été trouvés. Les gens ont peur, il faut rassurer. Des scientifiques du Center for Disease Control chinois ont publié hier un nouvel article qui présente les résultats d'une analyse de 44 314 cas confirmés, la plus grande cohorte décrite à ce moment-là. Je gribouille quelques chiffres sur un bout de papier et je saute dans ma voiture. Je ne sors pas du plateau sans avoir détaillé ceux-ci, permettant à chacun de mesurer que le risque est très faible pour les enfants et les jeunes adultes, tout en indiquant qu'effectivement, les choses changent pour les plus de 40 ans, surtout en présence de comorbidités[8]. Il y a alors trois sources de données relativement fiables qui se croisent : les publications en provenance de Chine, les données de contamination du bateau *Diamond Princes*s dans lequel une épidémie s'est déclenchée, et celles du dépistage et des suivis de contact de la Corée du Sud qui fait face à l'épidémie la plus importante en dehors de Chine. En outre, on dispose de nombreuses descriptions de contaminations importées dans différents pays. Les paramètres de base de la transmission se précisent. Mais la question de la transmission par les personnes ne présentant pas de symptômes et celle de la contamination par les aérosols font encore l'objet de vifs débats dans la communauté scientifique.

Marc Wathelet, scientifique ayant travaillé sur les coronavirus, alerte à plusieurs reprises les autorités par email et par médias interposés sur les éléments les plus préoccupants des informations qui s'accumulent. Un taux de reproduction de

8 Présence de maladies dont les effets s'ajoutent à une autre.

base permettant des temps de doublement de l'ordre de trois jours (temps qu'il faut pour que le nombre de cas double), une transmission par les aérosols, la menace d'une saturation rapide des soins intensifs. Le Dr Philippe Devos embraie, fait quelques calculs et avance un scénario du pire en l'absence d'intervention : jusqu'à 850 000 personnes infectées et 50 000 morts. Du côté du gouvernement, la communication reste dans un registre rassurant, voire banalisant. On parle de « grippette », on répète à qui veut bien l'entendre que « nous sommes prêts ». Oui, nous sommes sans doute « prêts » à isoler et tester quelques dizaines de patients qui auraient été détectés, mais à ce moment-là, c'est à peu près la seule mesure de préparation dont on entend parler.

De mon côté, je n'ai pas le moindre lien avec les autorités. Je connais un peu Marc Van Ranst pour avoir été en contact avec lui à l'occasion d'une pétition pour une aide de la Belgique dans le cadre de l'épidémie d'Ebola. J'ai rencontré deux ou trois fois Sophie Quoilin et Steven Van Gucht de l'Institut belge de santé publique Sciensano lors de comités d'experts ou de conférences scientifiques. Un peu naïvement, j'imagine que nos autorités se préparent, que le groupe d'experts assemblé pour conseiller la ministre de la Santé dispose d'informations auxquelles je n'ai pas accès. Mais de plus en plus, à l'occasion d'interventions médiatiques aux côtés de représentants ou d'experts du gouvernement, je ressens un décalage entre ma perception du risque à venir et ce qui est communiqué. Dans les jours qui suivent une émission durant laquelle je me suis senti particulièrement mal à l'aise, je rassemble toutes les données en notre possession à ce moment-là, de Chine, de Corée du Sud, du bateau *Diamond Princess*, pour y voir plus clair sur le taux de décès. La Corée du Sud teste massivement, et les conditions presque « expérimentales » de la transmission au sein du

Diamond Princess achèvent de me convaincre d'une chose : il n'y a pas, à côté des cas recensés, un très grand nombre de personnes infectées et non testées qui permettrait de penser que le taux de décès est inférieur à ce qui est annoncé. Tout indique que cette maladie est bien cinq à dix fois plus dangereuse que la grippe, et que l'on ne peut plus faire grand-chose pour l'arrêter. Au mieux, on pourrait gagner du temps. J'en fais part à différents experts impliqués dans le Conseil du gouvernement qui me répondent qu'ils ne sous-estiment pas du tout la menace. Mais je ne vois pas de communication claire sur l'importance de celle-ci, ni de véritable plan d'action à la mesure de la vague qui s'approche de plus en plus. La Corée du Sud teste des milliers de personnes par jour, mobilise des centaines d'enquêteurs pour faire du suivi de contact, et, au même moment, sur le site belge dédié au coronavirus, un document téléchargeable reprend l'itinéraire, photos à l'appui, que les livreurs d'échantillons prélevés sur des cas suspects doivent suivre pour faire parvenir leurs prélèvements au laboratoire de la KU Leuven. Quel contraste ! Comment allons-nous faire lorsque l'épidémie sera sur nous ?

Un dimanche, je suis invité pour la première fois à l'émission *C'est pas tous les jours dimanche* de Christophe Deborsu et mis en débat avec Marc Wathelet. Nous nous opposons sur la question des données chinoises et sur certains éléments qu'il avance. Je m'emporte un peu et le regrette immédiatement. D'autant qu'après vérification, je me rends compte qu'il a eu raison sur un point important : le temps de doublement[9] des cas en Italie. De retour chez moi, je lui écris pour m'en excuser. Mais il me semble néanmoins que la vision qu'il défend penche du

9 Le temps qu'il faut pour que le nombre de cas double, généralement compté en jours.

côté de l'alarmisme. Dans une littérature scientifique encore très partielle, il retient généralement les données les plus inquiétantes, et les solutions qu'il prône me semblent en décalage complet avec ce que la société est prête à entendre. Mettre tous les Belges qui reviennent d'Italie en quarantaine, annuler la Foire du livre et Batibouw, à ce moment-là, personne n'y est prêt. Comment mobiliser une population à qui le gouvernement dit que « Tout est sous contrôle » et qui n'a encore qu'une vision très floue de ce que la menace représente réellement et de tout ce qu'il va falloir entreprendre et interdire pour limiter la transmission ? Je repense à l'intervention remarquable du Premier ministre de Singapour, Lee Hsien Loong, faite le 8 février, quelques jours après le début de l'épidémie dans son pays. Il y tient un discours sans faux-semblant, un discours de vérité et d'engagement collectif. Il n'infantilise pas les citoyens, il ne cherche pas à minimiser la menace. Il y rappelle que Singapour a déjà fait face au premier SRAS, a traversé cette crise et que la société peut faire front de la même manière à cette nouvelle épidémie, avec l'engagement, la détermination et la participation de tous. Je me base aussi sur mon expérience personnelle acquise en Asie, lorsqu'on luttait avec des vétérinaires thaïlandais contre l'épidémie de grippe aviaire et qu'il fallait convaincre les éleveurs d'adopter des désinfections ou des quarantaines assez simples. Ils ne mettaient ces mesures réellement en œuvre que lorsqu'ils en comprenaient le sens. Je prends conscience que la meilleure chose que je puisse faire pour contribuer à la lutte contre cette épidémie va être d'aider le plus grand nombre à appréhender ce qui se passe. Mon rôle sera là. Donner du sens aux mesures, expliquer ce que l'on cherche à faire, dire ce que l'on sait et être franc sur ce que l'on ignore, mettre chacun face aux mêmes dilemmes que ceux qui doivent prendre des décisions, montrer en quoi elles résultent d'arbitrages difficiles entre différentes options dont aucune n'est sans impact, qu'il n'y a pas une « bonne solution » univoque et évidente pour tous. Dans les jours qui suivent, j'écris un article pour le blog de la *Revue nouvelle* intitulé : « Covid-19 : entre banalisation et alarmisme[10] ». J'y expose ma conviction qu'entre la position rassurante ou banalisante incarnée par le « Ce n'est qu'une grosse grippe » de la communication gouvernementale et l'alarmisme de certains au nom duquel toute la société devrait se soumettre à la réduction du risque sanitaire quelles qu'en soient les conséquences, il doit y avoir une voie médiane qui responsabilise sans dramatiser, qui tient compte de la complexité de ce qui nous attend. Mais cette position est un chemin de crête étroit, le long duquel on peut à tout moment basculer d'un côté ou de l'autre. Un chemin, un fil de funambule, que je décide de faire mien.

12 mars 2020. Je suis contacté par François De Brigode pour commenter les décisions du Conseil national de sécurité au JT du soir. Depuis quelques jours, les nouvelles sont alarmantes. Le nombre de cas ne cesse d'augmenter à toute vitesse, le testing est complètement dépassé et ne nous permet plus de quantifier ou d'empêcher quoi que ce soit en matière de transmission. On pilote dans le brouillard sans compteur de vitesse. Les seuls indices dont on dispose témoignent d'une croissance extrêmement rapide des infections, et l'on sait par l'expérience des autres pays qu'en l'absence de mesures de contrôle, on peut s'attendre à un temps de doublement des cas de trois jours. Il y a eu ce terrible reportage sur le désespoir des soignants italiens, là

---

10 https://www.revuenouvelle.be/Covid-19-entre-banalisation-et-alarmisme.

où les hôpitaux sont complètement débordés et où les différentes actions décidées les unes après les autres par le gouvernement ne semblent avoir aucun effet sur la croissance des cas, des hospitalisations et des décès. Comme si les autorités italiennes avaient toujours un temps de retard sur l'épidémie. L'inquiétude est palpable.

Récemment, Vittoria Colizza m'a mis en contact avec le chercheur Niel Hens de l'université de Hasselt, à la suite de quoi nous avons eu un échange d'emails sur le développement de modèles mathématiques qui permettraient de prévoir l'effet de différentes interventions gouvernementales. Ce matin-là, à 8h30, il m'écrit qu'on lui a demandé de réaliser une estimation d'un « scénario du pire » et me demande si j'ai des données sur les taux d'hospitalisation. Je l'appelle. Il me fait part de ses discussions en cours avec d'autres experts néerlandophones et avec Steven Van Gucht qui serait chez Sophie Wilmès en préparation du Conseil national de sécurité de l'après-midi. La question la plus sensible, qui n'est pas tranchée et sur laquelle nous échangeons, est celle de la fermeture des écoles. Il y a, à ce moment-là, encore très peu de données sur la transmission par les enfants. On dispose d'informations éparses en provenance de Chine, de Corée du Sud, du Japon et de Singapour, mais trop peu de données empiriques. Il faut raisonner par analogie avec la grippe, pour laquelle on sait que les écoles jouent un rôle important dans la transmission. J'argumente sur le fait qu'il vaut mieux prendre des mesures fortes maintenant, quitte à relâcher ensuite dès qu'on a repris un contrôle sur l'épidémie, plutôt que de risquer de prendre une série de mesures trop légères, trop tard, et de rester en permanence en retard sur l'évolution épidémique, comme semblent l'être les Italiens. Le moment est donc important, chaque jour compte.

Ce 12 mars, j'ai très mal dormi et je m'en veux. Hier soir, j'étais sur le plateau de l'émission *À votre avis* de Sacha Daout avec les ministres Elio Di Rupo et Alain Maron, aux côtés des docteurs Leila Belkhir et Stéphane De Wit ; première rencontre avec eux. Les discussions ont porté sur les tests, les moyens hospitaliers, l'explication des dispositions prises jusque-là. À un moment, vers la fin de l'émission, Sacha Daout s'est tourné vers moi et m'a demandé : « M. Gilbert, la fermeture des écoles, c'est une mesure à envisager ? » Il était impossible d'esquiver la question. Au fond de moi, je trouvais que les actions prises jusqu'à présent par le gouvernement belge étaient trop légères. J'avais conscience que la décision concernant les écoles était importante, lourde de conséquences, et que chaque parole pouvait compter. Mais j'étais intimidé. Il y avait les caméras, le regard des ministres posé sur moi. J'ai eu le sentiment d'être pris de court et j'ai fait une réponse en demi-teinte qui ne correspondait pas à ce que je pensais réellement, c'est-à-dire l'importance de prendre des mesures fortes mais nécessaires. De manière générale, je n'aime pas les conflits, la confrontation, la critique publique facile, je recherche l'accord. Mais là, ce tempérament s'est retourné contre moi, il faut parfois pouvoir dire les choses exactement comme elles sont. Et après coup, pendant des heures, j'ai ruminé ce que j'aurais dû dire, le signal clair que j'aurais dû donner. Ce non-dit m'a poursuivi une bonne partie de la nuit. Au réveil, je me suis promis de ne plus me laisser piéger et de faire en sorte, autant que possible, de ne plus dire, ou ne pas dire, quelque chose qui m'empêcherait de dormir, qui ne serait pas en accord avec ma conviction profonde. D'émission en émission, je prends conscience du poids et de la responsabilité de chaque parole que je prononce face à une caméra ou un micro.

Quelques minutes après la conversation avec Niel Hens, Frédéric Rohart de *L'Écho* me donne l'occasion de m'exprimer à nouveau et de corriger le tir de la veille. Dans notre entretien, je rappelle que les seuls pays ayant réussi à endiguer l'épidémie – à ce moment, la Chine et la Corée du Sud – ont dû passer par des mesures extrêmement fortes et qu'il y a un risque important de voir se développer chez nous une situation « à l'italienne » si l'on n'intervient pas rapidement, en raison du délai entre l'annonce de mesures et leurs effets potentiels sur le ralentissement de la courbe épidémique. L'article sort dans l'après-midi, alors que le Conseil national de sécurité est toujours en cours.

Vers 18h30, j'arrive à la RTBF et l'attente commence. On imagine que la conférence de presse se terminera assez tôt pour que les conclusions puissent être présentées au journal télévisé. Cependant, rien ne sort en provenance du palais d'Egmont. Alors, on se distrait. Je suis venu avec ma fille de 17 ans, puisque nous avions prévu de passer la soirée ensemble, et François De Brigode nous fait visiter la régie. Puis, on parle un peu de l'Université libre de Bruxelles (ULB), mon institution où il a étudié, on prend une boisson, on ne se connaît alors pas très bien. À 20h, pensant la fin du Conseil national de sécurité imminente, on finit par démarrer le direct. Je dis à ma fille : « Bon ben, installe-toi, j'arrive… » et je m'assieds en plateau, aux côtés de François De Brigode, Nathalie Maleux, Thomas Gadisseux et les bourgmestres de la Ville de Bruxelles et de Namur, Philippe Close et Maxime Prévot.

Mais au lieu d'un dénouement rapide, le Conseil national de sécurité s'éternise. Pendant ce temps, il faut combler l'antenne. Je découvre les rouages du direct avec les journalistes qui, à chaque fois qu'ils en ont la possibilité, cherchent à organiser des contenus pour la suite de l'émission. Je deviens le témoin de cette frénésie de l'immédiateté. La soirée prend corps face à l'imprévu. Alertée par cet écart par rapport aux usages d'une communication toujours bien réglée sur le tempo des médias, la population belge se rassemble petit à petit derrière son poste de télévision. Et au-devant des spectateurs, sans doute gagnés par un pressentiment, par un mélange d'appréhension et de curiosité vers cet inconnu qui nous attend, le pouvoir s'incarne par la vision de la rangée de sièges vides de la salle de conférence de presse. Et puisqu'il faut continuer à remplir cette absence de parole officielle, on se met à aborder quantité de sujets qui, sans que nous le sachions à ce moment-là, annoncent ce qui constituera le cœur de l'actualité des mois qui suivront : la place des experts, l'incertitude de la science, l'imprévisibilité, les notions de courbe, de croissance. Ce n'est ni un journal télévisé durant lequel il faut pouvoir condenser ce que l'on a à dire en trois minutes, ni une émission scientifique qui n'attire qu'un public spécifique. Nous parlons de science, à une heure de grande écoute, en ayant le temps. Vers 22h, je suis fatigué, j'ai les yeux qui piquent et la gorge sèche. Ne pouvant quitter le plateau, j'arrive enfin à demander des nouvelles de ma fille au régisseur qui nous apporte des boissons pendant les pauses. Elle a pris un taxi pour rentrer. Je suis rassuré, le marathon reprend.

Vers 23h, le pouvoir est de retour, les corps occupent les sièges, les visages sont sombres, les mains nouées sur les tables. Sophie Wilmès prend la parole, le ton est grave. Après quelques mots d'introduction qui rappellent le contexte, l'urgence et la nécessité, l'annonce tombe : fermeture des écoles, des bars et des cafés. Nous sommes tous interloqués, assommés par le poids de cette nouvelle. Philippe Close et Maxime Prévot prennent acte et semblent avoir déjà la tête ailleurs, imaginant tout ce qu'ils vont devoir faire afin de mettre en œuvre ce qui vient d'être décidé. Nathalie Maleux me cède la parole pour clôturer l'émission. Le moment est pesant, je suis épuisé, mais je sens que ces mots sont importants. Je prends une longue respiration, je creuse en moi, je laisse sortir. Oui, l'épidémiologiste en moi est satisfait des décisions qui étaient inévitables. Mais le père, le frère, l'ami, le compagnon, le fils, celui qui prend la mesure de ce qui est occupé à se produire dans sa vie, celui qui tremble avec les autres face à une menace invisible, celui-là est aussi désemparé que ceux qui l'écoutent. J'essaie de traduire cela avec mes mots, de dire que c'est nécessaire, qu'il va falloir du courage, tenir, nous serrer les coudes, faire preuve de ténacité, de solidarité envers tout ce que cette épidémie est occupée à nous prendre d'humanité, de joie de vivre, de rires et d'embrassades.

Le 17 mars 2020, après deux enjambées, la Belgique saute à pieds joints dans l'inconnu du lockdown pour échapper à une pandémie qui a pris toute l'Europe de court. Comment va s'organiser la gestion de cette crise ? Quelle sera la place des experts, leur légitimité, leur rôle et leurs liens avec le monde politique ? Comment s'appuyer sur la démarche scientifique pour pouvoir conseiller face à un problème inconnu avec des connaissances en évolution constante ? Quelles ont été les failles, les vulnérabilités de la Belgique permettant d'expliquer le lourd bilan des décès ? Aurions-nous pu faire autrement ? Quelles leçons pouvons-nous tirer des pays qui ont les meilleurs bilans ? Comment communiquer ? Comment responsabiliser sans culpabiliser ? Comment mobiliser et maintenir l'adhésion à des mesures difficiles et impopulaires ? Quelles sont les solutions, les occasions manquées ? Que pouvons-nous apprendre de cette crise ?

Ce livre présente ma version des événements, mon regard sur les éléments importants, mes propositions de réponses à ces questions. Il se veut didactique, cherchant à simplifier les choses sans être simpliste. Ce n'est ni un ouvrage scientifique ni un regard totalement neutre sur la crise dont j'ai été un des acteurs. C'est mon parcours, ma vision, le reflet de ma démarche. Mon espoir est que celles et ceux qui le referment puissent se retourner sur la crise avec à l'esprit quelques indices, quelques réponses à cette interrogation : que nous est-il donc arrivé ?

CHAPITRE 2

Épidémie et feux de forêt

Pour bien comprendre ce que peut être une dynamique épidémique et faciliter la lecture des chapitres suivants, il est utile de présenter quelques concepts de base comme la croissance exponentielle, le taux de reproduction de base (*RO*) et le taux de reproduction effectif (*Re*). Nous faisons très rarement l'expérience d'un phénomène qui croît de manière exponentielle dans notre vie quotidienne. Les risques auxquels nous sommes typiquement exposés – chutes, accidents, maladies non infectieuses – n'ont pas ce caractère contagieux susceptible de déclencher une réaction en chaîne qui augmente les effets de plus en plus vite, de façon exponentielle. Nous sommes donc assez mal préparés, non seulement à y répondre, mais à en appréhender toutes les implications en termes de gestion ou de prévention. Mais que chacun se rassure, pas une seule équation dans ce chapitre.

Selon les estimations de l'équipe de Niel Hens, le *RO*, le taux de reproduction de base de l'épidémie de Covid-19 lorsqu'elle est arrivée en Belgique, était de 3,4. Ce *RO* est un indice de contagiosité qui mesure le nombre moyen de personnes infectées par chaque individu infecté dans une population dans laquelle personne n'est immunisé et en l'absence de toute mesure de prévention. Pour simplifier, le *R0* mesure le « potentiel » de contagiosité d'un agent infectieux dans une société donnée, avant que cet agent ne s'y soit propagé ou que des mesures n'aient été prises. Il est important de comprendre qu'il s'agit d'un indicateur qui est à la fois biologique et social. Biologique parce qu'il est influencé par les caractéristiques de la multiplication du virus dans notre corps, et social parce qu'il va également être influencé par le nombre moyen de personnes susceptibles d'être infectées avec lesquelles chacun aura un contact au cours d'une journée type. Pour un même virus, ce *R0* est donc plus élevé dans des pays ou régions où les gens ont de nombreux contacts sociaux que dans ceux où ils côtoient moins de monde. Et pour un niveau identique de contacts sociaux, le *R0* peut être plus élevé pour certains variants d'un virus que pour d'autres.

Dès le moment où une épidémie commence, certaines personnes vont être immunisées et des dispositions de prévention vont être prises qui diminueront le nombre moyen de contacts infectieux. Ces deux facteurs vont réduire le nombre moyen de personnes infectées par chaque individu infecté, et on parlera alors de taux de reproduction effectif, que l'on va symboliser par *Re*. Pour résumer, le *R0*, que l'on prononce « R-zéro », mesure le « potentiel » épidémique d'un virus dans une société donnée, alors que le *Re* mesure le taux de reproduction « effectif » en cours d'épidémie. L'un comme l'autre permettent de quantifier la manière dont le nombre de personnes infectées va évoluer au cours du temps.

Imaginons une société dans laquelle 100 nouveaux cas viennent d'être introduits. Le temps de génération de ce virus[11] est d'à peu près six jours. Comme le *R0* est mesuré à 3,4 en Belgique et que ce nombre désigne le nombre de personnes infectées par chaque individu infecté, si l'épidémie débute avec 100 personnes infectées au jour 1, il y aura six jours plus tard 100 x 3,4 = 340 personnes infectées. Ces 340 personnes vont à leur tour en infecter 340 x 3,4 = 1 156 au 13e jour, qui en infecteront 3 930 au jour 19 et ainsi de suite, ce qui donne une série de 100, 340, 1 156, 3 930 personnes infectées.

En conditions réelles, les infections ne sont pas simultanées, et il y a une variation dans les temps de génération qui se traduit par un nombre croissant d'infections jour après jour. Mais cela revient à peu près au même : en l'absence de toute mesure cherchant à freiner cette propagation, en moins de 3 semaines, ce virus a donc le potentiel de passer d'une centaine de cas à presque 4 000, avec un nombre de nouveaux cas qui continuerait à se multiplier de la sorte, 13 362 le 25e jour, 45 430 le 31e...

Pour mesurer la vitesse de croissance d'une épidémie, on utilise souvent ce que l'on appelle le « temps de doublement », c'est-à-dire le temps qu'il faut pour que le nombre total de cas double. Avec un *R0* de 3,4 et un temps de génération de six jours, ce temps de doublement est d'approximativement trois jours, ce qui est très rapide.

Le propre d'une croissance de ce type, c'est qu'elle ne semble pas particulièrement préoccupante au début et que tout d'un coup on a l'impression d'être complètement submergé par les cas. Après l'expérience des deux vagues épidémiques, on peut imaginer sans peine les situations suivantes :

11 Il s'agit du temps moyen pour réaliser un cycle complet d'infection entre le moment où une personne se fait infecter et où elle en infecte une autre.

Semaine 1 : 2, 4, puis 8 cas :
— L'épidémiologiste : « Attention, ça double tous les trois jours ! »
— L'observateur : « Mais non, tout va bien, ne faites pas le marchand de peur ! »

Semaine 2 : 16, 32, puis 64 cas :
— L'épidémiologiste : « Attention, ça double tous les trois jours ! »
— L'observateur : « La situation est sous contrôle, ce ne sont que quelques cas sporadiques... »

Semaine 3 : 128, 256, puis 512 cas :
— L'épidémiologiste : « Attention, ça double tous les trois jours ! »
— L'observateur : « Humm, oui, effectivement, il y a plusieurs clusters, il faut être vigilant. »

Semaine 4 : 1 024, 2 048, puis 4 096 cas :
— L'épidémiologiste : « Attention, ça double tous les trois jours ! »
— L'observateur : « La situation est très sérieuse, il faut d'urgence réunir les experts ! »

Semaine 5 : 8 192, 16 384, puis 32 762 cas :
— L'épidémiologiste : « Attention, ça double tous les trois jours ! »
— L'observateur : « Nous sommes complètement débordés ! »

On voit bien au travers de cet exemple, volontairement un peu caricatural, que le problème d'une épidémie n'est pas tellement le nombre absolu, c'est surtout la vitesse, mesurée par le temps de doublement. Par conséquent, toute solution qui tente de répondre quantitativement à la croissance exponentielle des cas sans chercher à ralentir la dynamique épidémique se retrouve tôt ou tard submergée. Il faut donc réduire par des mesures de prévention la fréquence des contacts infectieux entre personnes infectées et personnes susceptibles de contracter la maladie par des mesures de prévention, de manière à réduire le *Re*.

Imaginons que l'on parvienne à réduire ce *Re* de 3,4 à 1,5, ce qui est déjà une réduction considérable, de plus de 50 %. Au lieu d'obtenir une série de 100, 340, 1 156 et 3 930 cas, on a la série 100, 150, 225, 338 cas. C'est toujours une croissance de type exponentiel, puisque le nombre de nouveaux cas qui s'ajoutent aux précédents augmente avec le temps, mais c'est une croissance exponentielle plus lente. En effet, en dix-huit jours on passe de 100 à 338 cas au lieu de 3 930 et cela correspond à un temps de doublement d'à peu près dix jours. Si cette croissance plus lente nous laisse plus de temps pour intervenir, pour prendre des mesures, le problème n'est pas pour autant réglé. Tant que l'on n'arrive pas à diminuer encore ce *Re* à une valeur inférieure ou égale à 1, cette croissance finira tôt ou tard par aboutir à une situation critique. Simplement, elle prendra un peu plus de temps pour y arriver et on disposera de plus de temps pour réagir.

Pour parvenir à contrôler l'épidémie, il faut donc parvenir à faire descendre ce *Re* sous 1, ce nombre moyen de personnes infectées par individu infecté. Si par exemple le *Re* vaut 0,8, 1 000 personnes infectées en infecteront 800 au cycle suivant, qui elles-mêmes en infecteront 640, et on aboutit à une série décroissante 1 000, 800, 640, 512, 409, etc. L'épidémie décroît. De la même manière, avec un *Re* égal à 1, l'épidémie reste à un niveau constant, le nombre de cas et de personnes hospitalisées chaque jour n'évolue ni à la hausse ni à la baisse.

Comment peut-on réduire ce *Re* ? Il n'y a pas une solution unique, puisqu'il faut agir au travers des activités propres à toutes les situations de transmission rencontrées par une population entière. On peut néanmoins classer les mesures en deux catégories. Il y a d'une part celles qui visent à réduire le risque de transmission lorsque deux personnes sont au contact l'une de l'autre, comme l'utilisation de gel hydroalcoolique, l'utilisation du masque, le maintien d'une distance physique ou le respect de certains protocoles. Il y a d'autre part les mesures qui visent tout simplement à réduire la fréquence de ces contacts. On reviendra sur les différentes mesures et leur efficacité, mais tous les dispositifs qui seront utilisés relèvent d'une de ces deux catégories et permettent de contribuer à diminuer le taux de reproduction effectif *Re*.

Ce *Re* est également influencé à la baisse par la proportion de personnes immunisées qui ne peuvent plus être infectées. On sait que s'il n'y a aucune mesure de prévention de contact, et que 100 % de la population est encore sensible, chaque personne infectée en infecte 3,4. C'est la situation où le *Re* est égal au *R0*. En pratique, dès le début de l'épidémie, même en l'absence de mesures, le *Re* n'est déjà plus égal au *R0*, car certains seront naturellement immunisés. Reprenons la situation après les 10 000 premiers cas pour la Belgique qui compte 11 millions d'habitants. Dès le moment où ces 10 000 personnes ont été infectées, on peut faire l'hypothèse qu'elles ne peuvent plus l'être à court terme, et on peut retirer 0,09 % (10 000/11 000 000) qui n'est plus susceptible d'être infecté. Il y a donc encore 99,91 % de la population qui peut encore l'être et le *Re* passe à 3,4 x 0,9991, soit 3,396. C'est très proche du 3,4 initial. C'est pour cette raison qu'en début d'épidémie, on peut considérer que la croissance des cas suit une courbe exponentielle avec un *Re* pratiquement constant.

Imaginons maintenant que 50 % des personnes rencontrées au cours d'une journée par une personne contagieuse soient immunisées, par des infections naturelles ou par la vaccination, et que cette immunisation soit à 100 % protectrice et empêche toute réinfection. Le nombre de personnes susceptibles d'être infectées par une personne contagieuse sera donc réduit de moitié, le *Re* sera diminué de 50 % et passera mathématiquement à 1,7. Le lien qui relie le *Re* à la proportion de personnes immunisées permet ainsi de calculer très simplement le seuil qu'il faut atteindre pour que le *Re* soit inférieur ou égal à 1 et que l'épidémie décroisse. Cette valeur que l'on appelle « seuil d'immunité collective » se calcule par 1-1/*R0*. Faites le calcul avec une valeur de 3,4 et vous aboutissez à une proportion de 70,5 % de personnes vaccinées pour avoir un *Re* de 1, ce qui correspond à l'objectif que la Belgique s'était fixé pour la vaccination (avant de devoir adapter ce seuil à la plus grande contagiosité du variant britannique dont le *R0* est un peu plus élevé). Cette immunité collective peut être atteinte à la fois par les infections naturelles et par la vaccination, pour autant qu'elles soient aussi efficaces pour empêcher la transmission.

Il faut savoir que ce seuil d'immunité collective est un objectif théorique basé sur trois hypothèses qui sont en réalité rarement pleinement rencontrées. La première considère que les personnes vaccinées sont distribuées de manière complètement homogène dans la population. Or, en raison des stratégies de vaccination qui ne concernent pas nécessairement tous les âges, de l'hésitation vaccinale et de certains freins à la vaccination qui peuvent toucher certains groupes sociaux plus que d'autres, cette homogénéité est très rarement atteinte. Malgré une couverture vaccinale moyenne supérieure à ce seuil, il peut donc exister certains groupes au sein desquels la couverture vaccinale est faible et dans lesquels le virus pourrait se propager. La seconde hypothèse considère que l'immunité acquise de manière naturelle ou par la vaccination a une efficacité de 100 % pour empêcher l'infection et la contagiosité d'une personne immunisée, et que cette efficacité se maintient dans le temps. Ici aussi, les données les plus récentes montrent une efficacité protectrice de 85 % pour l'immunité acquise par une infection naturelle et allant de 85 à 95 % pour celle acquise par la vaccination. Mais ces chiffres concernent l'effet protecteur contre une infection, il n'est pas certain que l'efficacité soit identique vis-à-vis de la contagiosité, et il n'est pas encore certain que la protection vaccinale se maintienne dans le temps, ou vis-à-vis de différents variants qui peuvent émerger. La troisième hypothèse qui doit être rencontrée, c'est qu'aucune autre mesure de prévention n'accompagnerait une campagne de vaccination. Or, en cas d'épidémie, les pratiques de prévention de chacun peuvent se modifier, contribuer à réduire le *Re* et donc, par extension, à diminuer le seuil d'immunité collective à atteindre pour que le *Re* passe sous 1.

On retiendra surtout qu'une épidémie est une menace très particulière dans laquelle ce qui importe n'est pas tant le niveau absolu des indicateurs épidémiques (le nombre de cas ou d'hospitalisations par jour) que la vitesse de leur croissance ou de leur décroissance, que l'on peut quantifier avec le *Re* ou le temps de doublement (ce dernier ayant du sens dans les phases de croissance). Par conséquent, une action qui vise à diminuer le *Re*, même lorsque l'épidémie est à un niveau bas et que cette action peut sembler disproportionnée, peut avoir un effet levier considérable. Imaginons par exemple que 60 % de 100 cas initiaux introduits chez nous aient pu être identifiés et prévenus et aient accepté de se mettre en quarantaine. Sur une période de dix-huit jours, au lieu des 3 930 cas (100 x 3,4 x 3,4 x 3,4), on n'en aura plus que 40 x 3,4 x 3,4 x 3,4 = 1 572 cas, soit 2 358 de moins ! Si, en revanche, on met en place les efforts plus tardivement et qu'on arrive à mettre en quarantaine 60 % des personnes infectées au dernier cycle, on parviendra aussi à éviter 2 358 infections, mais il faudra détecter, avertir et mettre en quarantaine 693 personnes au lieu de 60. On a donc le même résultat, mais avec dix fois plus de moyens.

Pour prendre une analogie, lutter contre une épidémie a plus de points communs avec le travail d'un pompier qui lutte contre des incendies qu'avec celui d'un agent de police qui agit pour la sécurité routière. Lorsque l'on cherche à empêcher un feu de forêt, peu importe que le départ de feu soit faible ou élevé, il faut mobiliser ce qui peut l'être pour le réduire au plus vite, car plus on attend et on le laisse croître, plus les moyens à mobiliser pour le contrôler vont être élevés. En réagissant suffisamment vite, trois camions de pompier peuvent empêcher de devoir mobiliser des Canadairs.

CHAPITRE 3

La science ballottée

17 mars 2020. Nos vies basculent et nous entrons dans ce temps nouveau qui marquera les mémoires. Celui des longues semaines aux rues calmes et désertes, des promenades sous un ciel bleu étrangement vide d'avions, ce temps suspendu où les sirènes des ambulances n'ont jamais paru aussi sonores et menaçantes. Cette atmosphère à la fois calme et électrique, ces sorties furtives pour s'approvisionner, vite, vite. Et quand on arrive chez soi, au contraire, on a le temps, du temps, un temps qu'on n'avait pas, qu'on ne connaissait pas. On parle de fenêtre à fenêtre, de balcon en balcon, on découvre les visioconférences et la vie sociale à distance. Tout le monde s'arrête, c'est un nouveau rythme, une nouvelle vie. Et chaque soir, il y a ces applaudissements émouvants à nos héros invisibles, celles et ceux pour qui le temps s'est accéléré. Il y a les héros dont on parle moins, ces milliers de travailleurs qui continuent malgré tout, parfois la peur au ventre, dans les supermarchés, les pharmacies, pour collecter les déchets, pour permettre à tous de continuer à vivre sans avoir à se préoccuper des besoins essentiels. Chacun se surprend à rêver au « monde d'après », à ce qui compte vraiment, à ce dont on peut se passer, à ce qui manque le plus, aux premières choses que l'on fera, et à celles qu'on se promet de ne plus faire.

Dès le début du lockdown, j'entame une nouvelle routine. Je compile chaque jour les chiffres des nouveaux cas, des hospitalisations, des admissions en soins intensifs, des décès, et je les publie sous une forme graphique sur Twitter, accompagnés de quelques explications. Les données ne sont pas encore accessibles au grand public, mais pas non plus aux scientifiques dans un format simple à récupérer, et il me faut à chaque fois procéder manuellement, attendre la publication des chiffres par Sciensano, transcrire les valeurs dans un tableur, et développer et utiliser un script qui me permet de produire ces graphiques automatiquement. Parfois, je complète l'analyse par le partage et la vulgarisation d'une publication scientifique.

Je me mets également en lien avec différents collègues comme Simon Dellicour, Catherine Linard et Yves Coppieters. Catherine est géographe de la santé, a passé plusieurs années dans mon laboratoire comme postdoctorante et dispose d'un poste académique à l'université de Namur. Simon s'intéresse à la génétique évolutive des virus et est encore postdoctorant dans mon laboratoire. Quant à Yves Coppieters, il est professeur de santé publique dans mon université et nous ne nous connaissons pas encore. La demande médiatique est énorme, mon téléphone n'arrête pas de sonner et nous essayons de nous répartir la charge des demandes d'interviews et d'interventions sur les plateaux. Presque chaque jour, nous avons une visioconférence pour partager nos impressions, discuter de notre lecture des observations, échanger sur les publications qui nous semblent sortir du lot, nous mettre d'accord sur les éléments qui seraient importants à communiquer. Il ne s'agit pas de présenter une vision uniforme. Chacun a et conserve ses compétences, sensibilités et manières de communiquer.

Mais le partage de nos lectures glanées en journée nous permet d'éviter les taches aveugles, de passer à côté d'informations importantes et de confronter nos points de vue. Stéphane Vanden Eede, ami de longue date, me met également en lien avec un autre groupe de ses connaissances. Acteurs et observateurs de la société civile, analystes, simples citoyens, il s'agit de faciliter les échanges avec d'autres points de vue que celui un peu strict de l'épidémiologie et de la santé publique, de partager nos réflexions, nos humeurs, de nous en alimenter mutuellement.

Durant le reste de la journée, je lis les nouvelles publications, je me documente et je réponds à des interviews pour la presse, la radio ou la télévision. En soirée, régulièrement, je saute dans ma voiture et je traverse les rues désertes pour me rendre à la RTBF et commenter l'évolution de l'épidémie sur le plateau du journal télévisé ou de l'émission de Sacha Daout qui suit. Je participe aussi à quelques rendez-vous dominicaux de Christophe Deborsu à l'émission *C'est pas tous les jours dimanche*. C'est un peu comme si j'allais m'inviter chez des gens que je ne connais pas et, petit à petit, cela devient une routine familière. Des gens m'écrivent : « Vous faites un peu partie de la famille », « Vous n'hésitez pas à dire quand vous ne savez pas, c'est rassurant », « Au moment du repas, on est toujours content de vous voir. » En plein lockdown, ne voyant personne en dehors des quelques clients de la supérette du coin, je n'ai pas la moindre idée de la perte progressive de mon anonymat.

Parallèlement, je poursuis mon travail scientifique. Avec des collègues de l'ULB et de l'université de Namur, nous réfléchissons à une stratégie de déconfinement, à la meilleure manière de sortir de cet état de blocage dans lequel la pandémie nous a placés. Le 4 avril, nous soumettons un article à la revue

Nature Medicine intitulé « Preparing for a responsible lockdown exit strategy[12] » qui contient l'essentiel de nos réflexions.

Un matin, le téléphone sonne :
— Allo, c'est Sophie Wilmès...
— Heuu, oui ?

Je ne me rappelle pas des termes exacts de cette conversation. Je suis un peu intimidé et j'écoute bien plus que je ne parle. Mais la phrase qui désigne les termes de la mission dont seront chargés les membres du Groupe d'experts en charge de l'Exit Strategy (le GEES) que je suis invité à rejoindre résonne encore : « ... aider le gouvernement à amener la Belgique d'un point A où elle est actuellement, en lockdown, à un point B où le pays aura repris une activité normale. » Je me sens honoré d'être invité à rejoindre ce groupe et je ressens simultanément le poids de la responsabilité. Est-ce que quelqu'un d'autre ne ferait pas cela mieux que moi ? Est-ce à moi d'accepter ce rôle ? Mais je suis relativement confiant. Au travers des interventions dans les médias, de ce que j'ai pu lire des interventions des autres, des échanges multiples avec mes collègues, je sens que j'ai un point de vue qui m'est propre, une compréhension analytique de ce qui se déroule, une expertise qui pourra être utile et qui n'est pas uniquement technique. Je sais aussi qu'il s'agira d'un engagement total qui va absorber tout mon temps, toute mon énergie pendant des mois. Mais mon activité académique est ralentie et, surtout, c'est une proposition que l'on ne refuse pas. Tout cela se croise dans mon esprit en quelques secondes, il faut y aller. En réalité, lorsque j'y repense, j'ai le sentiment qu'il ne

12 Marius Gilbert, Mathias Dewatripont, Éric Muraille *et al.*, « Preparing for a responsible lockdown exit strategy », *Nat Med*, 26, 643-644, 2020, https://doi.org/10.1038/s41591-020-0871-y.

s'agissait que de doutes de façade, j'y étais prêt, c'était la suite logique de mon investissement personnel dans cette crise.

Ce qui me frappe surtout, rétrospectivement, c'est le sentiment d'être rentré ce jour-là dans une course effrénée qui ne s'arrêtera que lorsque je quitterai en septembre 2020 le groupe Celeval 2 qui aura succédé au GEES pendant l'été. L'image qui me vient est celle d'un peloton de course cycliste dans lequel nous serions tous, chacun le nez dans le guidon, car il n'y a pas une seule seconde, une seule minute, un seul jour à perdre. Les attentes sont énormes. Il n'est pas question de prendre le temps de réfléchir calmement, d'arrêter le peloton. Il s'agit de préparer très vite le premier rapport, les premières annonces qui permettront de donner des perspectives à la population, de consulter différents secteurs dans l'urgence sur ce qui pourrait ou ne pourrait pas être fait en termes de protocoles sanitaires.

Pendant des semaines puis des mois, mon quotidien se transforme. J'ai à peine le temps de faire connaissance avec les membres du GEES qu'il faut déjà produire une première note. Les réunions s'ajoutent les unes aux autres, puis ce seront les visioconférences avec les membres du Kern (Conseil des ministres restreint), d'autres ministres ou les représentants de différents secteurs avec lesquels on a des entretiens plus techniques. Et puis intégrer tout cela aux rapports. La tâche est titanesque, il faut tout inventer. Et à chaque fois que l'on termine une urgence, un rapport qui vient alimenter une réunion du Kern et un Conseil national de sécurité (CNS), on se dit qu'on va pouvoir lever un peu le pied, prendre un temps d'arrêt, faire une pause, réfléchir plus en profondeur, se rapprocher un peu plus du travail de scientifique auquel nous sommes habitués. Mais non, c'est une illusion, la roue reprend sa course, chaque rapport cède sa place au suivant, on fait un saut sans pause de l'un à l'autre.

Par manque de temps et d'énergie mentale, je réduis considérablement la fréquence de mes interventions dans les médias. Et ce n'est pas la seule raison. Dès le moment où je suis associé au processus de décision, il me semble inapproprié de continuer à les commenter. Et chaque interview devient plus délicate à gérer, puisque les journalistes, et c'est bien leur rôle, cherchent à en savoir plus sur les conseils que nous sommes amenés à formuler, mais il ne m'appartient pas de les divulguer. Je me retrouve donc contraint de limiter mes réponses et explications à des commentaires que j'aurais pu proposer sans être membre du GEES ; c'est un exercice périlleux qui requiert une vigilance de chaque instant. Et dans les jours qui précèdent chaque CNS, c'est encore pire. Mon téléphone sonne quatre fois par heure. Cette période est rythmée par des moments éprouvants, des discussions interminables qui se prolongent souvent tard en soirée, des tensions très fortes. Mais nous n'avons pas vraiment le temps d'y penser. Tout le monde est dans l'action.

La participation de membres du GEES aux réunions du Kern est toujours un moment un peu particulier. Nous ne savons jamais très bien ce qui amène l'un ou l'une d'entre nous à y être invité aux côtés de la présidente du GEES, Erika Vlieghe, infectiologue à l'hôpital de l'université d'Anvers. C'est parfois moi, parfois Niel Hens, parfois Marc Van Ranst, virologue à l'université de Louvain (KU Leuven), parfois Johnny Thijs, ex-PDG de Bpost, c'est un peu mystérieux. Je me sens un peu comme un nouvel invité à une réunion de famille. Les discussions entre ministres sont familières. Ils se tutoient, s'interpellent, s'emportent parfois. On sent qu'ils se connaissent depuis longtemps, comme des collègues de travail qui discuteraient à la cafétéria, assez loin de l'image plus distante qu'ils donnent dans les médias lorsqu'ils sont à nouveau face aux caméras. Les discussions sont très concrètes, terre à terre, se perdant parfois dans des détails qui nous dépassent. Je me rappelle mon étonnement à voir nos ministres parler de longues minutes du libre choix de leur magasin de chaussures qui serait compromis par une restriction basée sur la distance, de la question de savoir si les tatoueurs pourraient être autorisés à conserver une activité de vente, ou de la réouverture des casinos ou des hippodromes. Et puis, personne n'est encore vraiment habitué aux visioconférences, ni eux ni nous. On ne floute pas encore les arrière-plans. Nous découvrons des intérieurs de voiture, des bureaux officiels, les bureaux installés à leur domicile. Il faut rester attentif pendant des heures sans participer vraiment à la discussion, être prêt à répondre à tout moment à une question précise qui serait soulevée et pour laquelle notre expertise est requise. Au début, j'y reste un peu intimidé, mais je m'habitue, mon ton change, devient plus franc, plus direct.

Les membres du GEES participent aussi à de nombreuses réunions avec les représentants des différents secteurs et je me retrouve le plus souvent avec ceux de l'éducation et des sports. Je rencontre des représentants des associations de professeurs, de parents, des syndicats, et les inquiétudes des uns et des autres face à une situation totalement inédite. Je souris encore au souvenir de cette visioconférence organisée par la ministre Valérie Glatigny pour permettre aux représentants de différents sports d'exprimer leurs préoccupations et interrogations. Je me connecte, il y a 130 intervenants pour une réunion d'une durée prévue de deux heures. Personne n'est encore vraiment habitué à l'utilisation des logiciels de visioconférence et il faut près de vingt minutes pour que la ministre arrive à obtenir finalement la fermeture des micros de l'ensemble des participants et que nous puissions entendre quelque chose sans écho. Et lorsqu'enfin la discussion s'engage, elle donne lieu à une succession presque théâtrale d'interventions où chacun décrit les spécificités sanitaires de son activité, le tir à l'arc, tel ou tel sport de combat, l'escalade, ou la moto de loisir qu'il ne faut surtout pas confondre avec la moto sportive et dont le représentant ne comprend vraiment pas pourquoi elle serait empêchée, puisque « chacun est sur sa moto ». Quels risques pour quelqu'un qui fait de l'escalade et grimpe à un mur ? Est-ce que le padel est un sport d'intérieur ou d'extérieur ? Les écuries des manèges peuvent-elles rester accessibles aux parents ? J'essaie de répondre aux interrogations, aux attentes de chacun. Nous avons en face de nous des personnes passionnées, investies, des représentants de ces milliers de bénévoles qui font vivre leur passion et sans lesquels notre société ne serait pas ce qu'elle est.

Ce qui semble inédit dans ce travail du GEES, c'est que des scientifiques, dont je suis, soient ainsi plongés au cœur du fonctionnement de l'État, sous le projecteur permanent des médias et de la population, avec une influence et une responsabilité gigantesques qu'ils n'ont pas souhaitées, qu'ils découvrent pour la plupart pour la première fois, et pour lesquelles ils n'étaient absolument pas préparés. Et chacun d'entre nous essaie de faire au mieux, avec sa sensibilité, son tempérament, sa lecture des événements, des risques et des enjeux prioritaires. Nous apprenons « sur le tas » la manière de faire passer un message parfois complexe en trois minutes lorsque nous sommes invités à le faire lors d'un CNS, et les pièges à éviter lors d'une interview improvisée. Je n'ai pas la moindre expérience de la politique. Je n'ai jamais été affilié à un parti. J'ai bien sûr des opinions, je suis un observateur attentif, il y a des personnes et des idées dans lesquelles je me reconnais mieux que d'autres, mais cela ne s'est jamais traduit dans un engagement particulier.

Les femmes et les hommes politiques que nous côtoyons sont aussi dans une position nouvelle, complexe, inconfortable, sous la pression constante des citoyens et des secteurs qu'ils représentent, face à un événement totalement nouveau. Bien sûr, les médias et la communication font partie de leur quotidien. Mais dans cette pandémie, leur marge de manœuvre se retrouve restreinte par des contraintes qu'ils ne connaissent pas, soumise à un jargon et à des concepts qui, pour la plupart, leur sont étrangers. Ils sont confrontés à l'argumentation scientifique sans nécessairement en connaître le mode de fonctionnement, les codes et les limites. Et puis, durant cette période, les experts représentent des figures rassurantes auprès de l'opinion. Perçus comme des garants de la santé publique, ils suscitent la sympathie, ils incarnent le parler-vrai face à un pouvoir politique qui a perdu beaucoup de son crédit aux yeux d'une partie de l'opinion publique. La communication de la ministre de la Santé qui s'était voulue exagérément rassurante, parlant de « grippette », a laissé beaucoup de traces. Et le manque de masques, d'équipements de protection et de capacité de testing sont perçus comme autant de défauts d'anticipation de la part du gouvernement, alors que ces pénuries n'ont rien d'une spécificité belge. Qu'il est inégal le rapport de force entre les experts détenteurs d'un savoir devenu soudain si précieux, bénévoles pour la plupart, et les femmes et les hommes politiques jugés coupables d'une impréparation commune à tous les pays d'Europe.

Après les experts scientifiques et les politiques, il y a une troisième catégorie d'acteurs des décisions dont on parle beaucoup moins, les membres de l'administration du ministère de la Santé et les scientifiques de Sciensano. Ils font partie d'une structure complexe, hiérarchisée, lourde, héritage de multiples réformes institutionnelles, conçue pour gérer les questions de santé publique qui peuvent se décider dans le temps long. Mais leurs procédures et modes de décision basés sur la collégialité et la recherche de consensus à de multiples niveaux se retrouvent pris de vitesse dès lors qu'il y a lieu de répondre à une urgence épidémique. L'organe officiel de santé publique Sciensano, qui sera beaucoup critiqué, est à ce moment-là une institution qui résulte de la fusion de deux organisations distinctes : l'Institut de santé publique (ISP), active en santé humaine, et le CODA-CERVA, active en santé animale. La fusion entre ces deux structures s'est opérée en 2018, et son nouveau directeur vient juste d'être nommé au moment où la crise sanitaire éclate.

Dans ce grand bateau Belgique, en ce mois d'avril 2020, tout le monde fait ce qu'il peut pour traverser la tempête sans trop de casse. Il y a un expert pour la corde à nœuds, l'autre au sommet du mât avec une longue-vue, un troisième qui évalue les voies d'eau dans la coque, un quatrième qui mesure en permanence l'état de la voilure et Erika Vlieghe qui fait le tour de tout ce petit monde avant d'aller conseiller Sophie Wilmès et le Kern élargi qui s'arc-boutent pour tenir la barre. Mais à peine les travaux du GEES sont-ils entamés que la place des experts se retrouve également au centre de nombreux questionnements relatifs à leur légitimité et à leur pouvoir.

3.1. Nous ne faisons que suivre les experts

Le fait que des mesures s'appuient sur un raisonnement ou des données scientifiques n'implique pas qu'elles soient elles-mêmes le produit de la science ou le résultat de la volonté des experts. Les experts ont eu la mission de fournir des éléments permettant la prise de décisions, mais pas de dicter ces dernières. Toutes les mesures finales sont des choix de nature politique, c'est-à-dire relatifs à l'exercice du pouvoir, s'appuyant sur la légitimité démocratique et pouvant mettre une série d'intérêts et d'enjeux en balance pour aboutir à une décision.

Au sein du GEES, nous travaillons très librement, avec beaucoup d'autonomie concernant notre organisation. Du côté des sciences biomédicales, nous sommes cinq : Erika Vlieghe, la présidente, Emmanuel André, également virologue à la KU Leuven, Marc Van Ranst, Niel Hens et moi-même. Du côté des sciences humaines et sociales, il y a plusieurs économistes ou représentants du monde économique : Mathias Dewatripont, professeur d'économie à l'ULB, Pierre Wunsh, gouverneur de la Banque nationale de Belgique, Johnny Thijs, président d'Engie Electrabel, Inge Bernaerts, une juriste très familière des institutions européennes, et Céline Nieuwenhuys, la secrétaire générale de la Fédération des services sociaux. Les sciences biomédicales sont bien représentées, à nombre égal avec les représentants du monde économique, juridique et social. Il faut souligner que cette composition témoigne à elle seule d'une certaine vision de notre mission : une grande part accordée aux aspects médicaux (cinq membres) qui s'équilibre avec des enjeux sociétaux (cinq membres) dans lesquels l'économie prime sur le social (trois membres sur cinq). Pas d'expertise en santé mentale, en sciences du comportement, en communication, alors que ces éléments vont constituer des enjeux très importants du déconfinement. Nous en ferons part à la Première ministre, mais la composition du GEES restera telle qu'elle est.

Pendant toute la durée des travaux, nous sommes aidés par deux à trois consultants extérieurs de McKinsey. Il n'est pas question pour eux d'intervenir dans les décisions, mais d'agir en facilitateurs des travaux des uns et des autres, par de la collecte d'information, du travail de synthèse et de l'aide dans la rédaction des rapports. À deux reprises, l'un d'entre nous estime que leurs interventions ont dépassé le cadre de cette mission, c'est dit et corrigé. Même si nous prendrons soin d'éviter qu'ils n'interviennent sur le fonds, et que leur influence sera donc très limitée, on peut s'interroger sur ce recours au secteur privé, qui capitalise sur son expérience d'accompagnement du déconfinement en Belgique et dans d'autres pays, et dont les activités au sein du GEES, contrairement aux experts, seront rémunérées à des tarifs qui laissent les académiques un peu songeurs. N'y avait-il pas dans les institutions publiques, comme le Bureau du Plan par exemple, des professionnels expérimentés qui auraient pu jouer un rôle analogue ?

Nous divisons d'abord le travail en différents sous-groupes qui correspondent à certains secteurs ou à certaines questions particulières. Il y a par exemple un sous-groupe sur le secteur de l'éducation, celui des soins de santé, des industries et du commerce, de la mobilité, de la culture, des sports et des cultes. Puis, quelques sous-groupes transversaux comme ceux sur les indicateurs épidémiologiques, sur les questions sociales et de santé mentale, sur le testing, sur les masques et équipement ou ceux sur la communication, sur les questions juridiques et l'alignement international. Chaque membre du GEES est rattaché à un ou plusieurs sous-groupes qu'il anime, et au sein duquel peuvent s'organiser de nombreuses réunions avec des intervenants extérieurs. Nous nous retrouvons ensuite à intervalles réguliers en réunion plénière pour échanger sur les questions générales à l'ensemble des travaux. Ensuite, le fruit de tout ce travail s'intègre dans le rapport du GEES dont une version préliminaire est remise à la Première ministre quelques jours avant la tenue d'un CNS. Soit nous avons un retour de la Première ministre directement, soit le rapport et les propositions sont soumis à la discussion avec le Kern élargi. Le rapport peut alors faire encore l'objet de quelques corrections avant le CNS.

Les discussions internes au GEES ne sont pas dénuées de tensions. Nous sommes tous sous une pression terrible ayant chacun des éléments particuliers qui nous tiennent à cœur. Pierre Wunch, gouverneur de la Banque nationale de Belgique, nous rappelle à chaque réunion que chaque semaine de lockdown correspond à une perte de 3 milliards d'euros ; il s'inquiète d'un décrochage économique complet. Johnny Thijs est le porte-voix des grandes entreprises qui souhaitent pouvoir reprendre au plus vite et éviter des faillites en cascade. Céline Nieuwenhuys fait ce qu'elle peut pour mettre en lumière et chercher à rencontrer la détresse sociale liée à la mise à l'arrêt de l'économie informelle et l'explosion des demandes d'aides alimentaires. Elle fera de nombreuses propositions concrètes qui seront intégrées aux différents rapports du GEES, mais qui seront très peu reprises dans les décisions. La vision qui domine et qui s'aligne avec celle du gouvernement est que la meilleure manière de rencontrer la précarité est d'aider l'économie à redémarrer au plus vite. Nous sommes tous conscients de la nécessité de ce redémarrage, mais il faut que cette reprise soit prudente et graduelle, sous peine de nous retrouver exactement au même point. Nous devons donc faire face à deux pressions contradictoires : celle de rouvrir l'économie formelle (et, indirectement, celle du secteur informel) d'un côté pour limiter le plus possible les conséquences socioéconomiques et psychosociales du confinement, et celle de maintenir une séquence de réouverture prudente.

À ces tensions internes s'ajoutent les pressions externes. Il y a la pression du gouvernement et de la Première ministre pour que l'on progresse rapidement, mais aussi celle des lobbies et groupes de pression qui n'hésitent pas à écrire individuellement à chacun de nous pour faire valoir leurs intérêts, et celle des médias qui cherchent continuellement à en savoir plus sur l'évolution des discussions. Les fuites, comme celle d'une version intermédiaire du premier rapport du GEES dans le journal *Le Soir*, nous posent des tas de difficultés. Ces fuites stimulent en effet les actions de lobbies ou groupes de pression s'y estimant lésés, imaginant qu'ils pourraient encore changer quelque chose. Elles empêchent de prendre le temps de penser et organiser une bonne communication une fois les décisions prises. Enfin, elles rendent visibles les hésitations des experts et les changements pouvant intervenir entre certaines recommandations initiales et la version finale des rapports. Les membres du GEES seront unanimement favorables à la publication du rapport final de manière à ce que le grand public puisse connaître le détail des recommandations faites au gouvernement, mais la diffusion des versions intermédiaires n'aidera vraiment personne.

Il y a un caractère hautement imprévisible à ce déconfinement. Nous pouvons identifier une séquence plus « sûre » et des moyens de limiter les risques de transmission lors de chaque réouverture, mais nous procédons principalement par déductions sur ce que l'on sait de la transmission générale du virus. Quant aux détails des protocoles mis en place dans les différents secteurs, ce qu'il y a lieu de faire dans un musée, un café, un tram ou à la cafétéria d'une entreprise, ils sont soit traités dans l'un des sous-groupes, soit traités par d'autres experts. Nous n'avons simplement pas le temps d'entrer dans tous les détails de ceux-ci. Personne n'est donc réellement en mesure de dire si la réouverture dans les conditions fixées ne se traduira pas à un niveau macro par une reprise de la transmission. Nous avançons par essais et erreurs en nous basant sur des indicateurs de la dynamique de transmission et sur des approches déductives qui ont différents objectifs : réduire la fréquence de contacts (ex. : maintenir le télétravail là où il est possible), diminuer le risque de transmission lors de ces contacts (ex. : imposer le port du masque dans les transports en commun) et réduire le plus possible l'impact d'un événement de transmission en limitant ses conséquences (limiter la taille des groupes participant à certains événements).

De par la composition même du GEES, la première version de chaque rapport résulte elle-même d'un certain équilibrage entre les intérêts de santé publique et ceux d'une reprise socioéconomique. Mais entre cette première version du rapport et les décisions du CNS, l'équilibre peut encore être déplacé par l'intervention des ministres et participants au CNS. À titre personnel, je n'ai jamais eu d'objection à ce que les représentants politiques s'écartent de nos recommandations. Ils disposaient de la légitimité démocratique et portaient le poids de la responsabilité finale des décisions face à leurs électeurs. Mais pendant tout le déconfinement, je sous-estimerai la difficulté que représente pour eux le fait de ne pas suivre nos recommandations. Face à une population à ce moment-là majoritairement inquiète des conséquences sanitaires de la pandémie, une pression constante pèse aussi sur leurs épaules pour qu'il y ait une convergence entre le contenu de nos rapports et les mesures qui seraient acceptables par la population et finalement retenues.

Un autre aspect marquant de cette période est la très faible présence de la ministre de la Santé, Maggie De Block. Elle participe très rarement, ou de manière très passive, aux réunions du Kern élargi où les rapports du GEES sont discutés et intervient assez peu lors des CNS pour défendre la santé publique. Dans un gouvernement, il est assez normal que chaque ministre fasse valoir les intérêts des domaines qu'il représente, avec le Premier ministre qui arbitre, anime les discussions et finit par trancher lorsque c'est nécessaire. Mais la ministre de la Santé ne jouant pas pleinement ce rôle, c'est aux experts du GEES participant aux CNS de servir de contrepoids lors des discussions délicates qui cherchent à trouver un équilibre entre prudence sanitaire et reprise économique. Dans ces circonstances, il n'est pas surprenant que différents hommes et femmes politiques soient irrités du rôle pris par les experts « sanitaires » dans les débats internes, mais aussi dans le débat public se déroulant dans les médias. Les experts comblent en réalité un vide politique.

On mesurera la différence lors du changement de gouvernement et de la prise de fonction de Frank Vandenbroucke comme ministre de la Santé lors de ses premières interventions médiatiques. Celui-ci assumant plus pleinement son rôle, affirmant immédiatement qu'il entendait reprendre la main sur cette question. Les experts du GEMS (Groupe d'experts en charge de la Management Strategy), organe équivalent au GEES durant la deuxième vague, ne seront plus invités aux réunions du Kern ou au Comité de concertation (ou Codeco, organe qui aura remplacé les CNS) et transmettront simplement leur rapport au Premier ministre et au ministre de la Santé. En outre, la nomination du commissaire Corona, Pedro Facon, permettra d'ajouter un interlocuteur qui centralisera les informations et s'occupera de faire le lien entre groupes d'experts, pouvoir politique et administration de la santé. Ce sera alors le ministre de la Santé, aidé par le commissaire Corona, qui portera les négociations sur l'équilibrage entre mesures sanitaires et reprise des activités sociales et économiques avec les autres membres du gouvernement, ce qui semble bien plus adapté au rôle et aux responsabilités de chacun. On entendra d'ailleurs beaucoup moins de déclarations courroucées de représentants politiques au sujet de la « dictature des experts », les critiques se polarisant sur le ministre de la Santé qui assume ainsi comme il se doit sa responsabilité politique.

Mais jusqu'à ce que ce changement de gouvernement rétablisse une forme d'équilibre dans les rôles et responsabilités de chacun, les experts, leur influence et leur rôle sont au centre de l'attention de tous, et cette vision est parfois entretenue par le pouvoir politique lui-même. Durant les phases fortement ascendantes de l'épidémie et lorsqu'il faut justifier des mesures restrictives pour la population, le discours qui domine est : « Nous ne faisons que suivre les experts. » En revanche, lors des phases descendantes ou quand la transmission est à un niveau relativement bas, si le déconfinement ne va pas assez vite au goût de certains représentants politiques alors en désaccord avec certaines recommandations, les experts deviennent des « marchands de peur », accusés de « vouloir prendre le pouvoir » ou d'être « trop entendus ». Et puis, un expert n'est pas l'autre.

Le grand public ne s'en est sans doute pas rendu compte, mais à côté des figures les plus visibles comme Marc Van Ranst, Erika Vlieghe ou Emmanuel André, qui ont polarisé de nombreux commentaires et critiques autour de leur manière de communiquer, il y a une constellation d'autres experts et groupes qui participaient directement ou indirectement aux décisions. Il y a le GEES bien sûr, au sein duquel différentes vues sont représentées, mais celui-ci travaille parallèlement à la Cellule d'évaluation, le Celeval du SPF Santé publique, qui comprend aussi un certain nombre d'experts. Il y a aussi le Risk Assessment Group (RAG) dirigé par Sciensano et composé d'un grand nombre d'experts de cette institution, rassemblés aux côtés d'intervenants du milieu hospitalier et académique. Puis, il y a de nombreuses task forces (forces opérationnelles) qui se composent de représentants de cabinets ministériels, de l'administration et d'experts extérieurs sollicités pour traiter d'une question particulière. Il y aura la task force Data Against Corona, celle sur les masques, celle sur le testing et celle sur la vaccination. D'autres acteurs interviennent également dans les décisions, comme les différentes cellules du Centre de crise national (NCCN) du SPF Intérieur. Et je n'aborde ici que les structures fédérales. Enfin, aux côtés des experts qui sont sollicités pour participer formellement à certains groupes officiels, de nombreux experts interviennent de manière régulière dans les médias et ont eux aussi une influence à la fois sur le processus de décision et sur les comportements de chacun. Si cette influence n'est pas directe ou formelle, elle n'en est pas nécessairement moins grande, on y reviendra. Difficile d'échapper au sentiment d'une certaine cacophonie qui se dégage de la présentation des différents groupes et personnes qui influencent d'une manière ou d'une autre le cours des décisions et de l'épidémie.

On ne peut nier que certains experts aient été plus influents que d'autres, ou qu'ils aient cherché à influencer certaines décisions par leur activité sur les réseaux sociaux ou par leurs prises de position dans les médias. À un certain moment, les médias contribueront aussi à la surreprésentation de l'influence des experts, n'hésitant pas à reprendre leurs tweets *in extenso* dans leur colonne ou sur leur site web. Mais la multiplicité des intervenants conduit à des décisions pondérées par l'influence de chacun qui se rapprochent d'une position de consensus. La réalité était bien différente de celle qui sera décrite par certains qui imaginent que quelques experts isolés décident à eux seuls du sort de tous. La focalisation des critiques sur la personne de Marc Van Ranst est très déséquilibrée par rapport à son influence réelle. En outre, s'il y a bien un expert qui a été transparent vis-à-vis de la société, c'est bien lui, ayant le même discours, que ce soit sur les plateaux télévisés, les réseaux sociaux, à la table des ministres ou des CNS. Et cela lui sera suffisamment reproché. On peut être d'accord ou pas d'accord avec lui, mais on peut difficilement lui reprocher d'agir en coulisse, là où d'autres experts plus discrets et ne faisant pas partie du GEES ou du GEMS auront à certains stades de l'épidémie une influence aussi importante.

Dans cette crise, experts et politiques ont dû apprendre à mieux connaître le travail et les contraintes de l'autre. Je connaissais très mal le travail des femmes et hommes politiques avant d'y être exposé. Je n'en avais qu'une vision extérieure, superficielle, celle à laquelle chacun a accès au travers des médias. Et j'ai dû, comme d'autres experts, apprendre à connaître leur manière de travailler et les contraintes auxquelles ils doivent faire face. Dans les tout premiers contacts, sur les plateaux télévisés, les ministres m'apparaissaient comme des personnalités changeantes, volatiles, défensives, habiles à l'esquive d'une question dérangeante, soumises à l'évolution de l'opinion publique et incroyablement sensibles à l'image qu'elles pourraient donner.

Mais au fil des semaines du travail du GEES, j'ai découvert des personnes qui ne comptent pas leurs heures, qui se lèvent, vivent et dorment avec leur fonction, pour lesquelles il n'y a plus vraiment de soirées ou de week-ends. J'ai vu certaines personnes incroyablement investies, dévouées à ce qu'ils ou elles estiment juste, qui doivent moduler leur politique et celle de leur cabinet en bonne entente avec l'administration qui y correspond, en ayant un périmètre d'action limité et des responsabilités lourdes. Tout cela en pouvant à chaque instant être questionnés dans l'espace public, sur les réseaux sociaux ou dans les médias traditionnels où la moindre bourde ou maladresse de langage peut donner lieu à une inflation polémique immédiate et souvent complètement disproportionnée. J'ai pris conscience que même si certains politiques usent et abusent de l'hypermédiatisation de leur fonction, d'autres la subissent ou l'utilisent avec mesure. J'ai découvert que les personnalités les plus discrètes n'étaient pas les moins efficaces. J'ai été surpris qu'un mot ou une phrase que j'ai prononcé un jour me soit répété plusieurs mois après, démontrant un niveau d'attention aigu. J'ai mesuré qu'il y avait des règles implicites de ce qui se fait et ne se fait pas. J'ai constaté que rien n'était jamais acquis, mais que rien ne se perdait tout à fait non plus, qu'il y a des efforts qui portent des fruits immédiats et d'autres qui mettent longtemps à faire leur chemin.

Et à l'inverse, je pense que les politiques connaissaient mal le travail qui est le nôtre, à l'exception de celles et ceux ayant pratiqué la science eux-mêmes ou s'y étant réellement intéressés.

3.2. Accepter de se tromper

Pour la plupart des scientifiques qui se sont retrouvés « experts », cette crise a constitué un véritable grand écart, car il y a des différences assez fondamentales entre leur travail habituel et celui qui a été le leur dans le contexte d'urgence épidémique. Pour décrire ces différences, je vais prendre le domaine de l'épidémiologie qui est le mien, mais le raisonnement peut s'étendre aisément à d'autres disciplines.

En temps normal, notre matériel de base, ce sont les données épidémiologiques. Il s'agira par exemple du nombre et des caractéristiques de cas d'une certaine maladie dans les communes d'un pays au cours d'une année. Nous pouvons participer à l'élaboration d'un protocole pour collecter ces données ou bien bénéficier de données existantes et récoltées par d'autres dans le cadre de collaborations scientifiques. Mais dans les deux cas, les analyses sont le plus souvent rétrospectives et ne sont pas particulièrement urgentes. Nous avons le temps de procéder aux analyses, de vérifier celles-ci ou de procéder à des examens supplémentaires pour nous assurer que les conclusions qui sont tirées sont bien robustes. Lorsque nous avons le sentiment d'avoir achevé ce premier processus analytique, les résultats sont présentés à des collègues spécialistes du même domaine à l'occasion de réunions scientifiques où les conclusions peuvent être questionnées ou mises en discussion. À la suite de ces échanges, il n'est pas rare que l'on refasse des analyses, voire même que l'on collecte de nouvelles données. Une autre manière de procéder pour stimuler les échanges est de publier ces premiers résultats sous la forme d'un article sur un serveur, en preprint, où il est accessible librement à d'autres scientifiques qui peuvent là aussi commenter les résultats, les critiquer ou proposer des améliorations. Dans les deux cas, c'est un processus qui permet d'améliorer le contenu grâce à l'aide bénévole d'autres scientifiques.

Les résultats sont alors intégrés à un article, soumis dans une version finalisée à une revue scientifique qui va se charger de le faire examiner par des pairs, et qui vont eux aussi émettre un avis sur le contenu de l'article. Ces pairs sont chargés de donner un avis indépendant, dénué de conflit d'intérêt. Leur nom n'est généralement pas dévoilé et, même s'il l'était, il est très fréquent qu'on ne les connaisse pas. Ces relecteurs externes peuvent faire différents types de recommandations : la publication de l'article en l'état, la publication après des corrections mineures, le réexamen d'un article révisé après des corrections majeures qui peuvent impliquer de nouvelles collectes de données ou analyses, ou simplement le rejet de l'article. Dans cette évaluation, la valeur scientifique du contenu de l'article vis-à-vis du prestige de la revue joue un rôle important ; un article de bonne qualité pouvant être rejeté par les relecteurs d'une revue prestigieuse parce que ses résultats n'ont pas été jugés suffisamment « prestigieux », intéressants, innovants, aussi valides soient-ils. Entre le début d'une étude et sa publication, il n'est pas rare que plus d'un an s'écoule, parfois beaucoup plus lorsqu'il faut passer par plusieurs cycles de soumissions et révisions. Même si ce système n'est pas infaillible ou sans défaut, ce processus est une forme de contrôle de qualité, et tous les scientifiques ont fait l'expérience de manuscrits dont la qualité a été fortement améliorée par ce dispositif de révision bénévole par les pairs.

Il faut souligner que la communication des résultats, que ce soit en conférence ou par l'intermédiaire d'un article, se fait à destination d'autres experts de la discipline qui maîtrisent les concepts et les termes (le « jargon ») qui sont utilisés. Il y a donc toute une base de connaissances communes qui permet de ne communiquer que le strict nécessaire et de ne pas avoir à réécrire tout un manuel d'épidémiologie à chaque fois que l'on décrit un modèle.

Mais lorsqu'il s'agit d'analyser les données d'une nouvelle épidémie en cours et surtout lorsqu'on le fait en tant qu'expert dans le contexte de l'aide à la décision, tout change.

Alors que les analyses rétrospectives peuvent se faire calmement et sans pression particulière, en ayant le temps de procéder à de nombreuses vérifications, en cours d'épidémie, il faut au contraire qu'elles se fassent vite, très vite, sans avoir l'occasion de réaliser une analyse approfondie ou de s'intéresser à la qualité des données. Je n'ose imaginer les soirées et les nuits des scientifiques de Sciensano qui ont dû collecter, compiler et analyser les données pratiquement en temps réel, les intégrer et les interpréter dans un rapport journalier, tout en sachant que toute erreur ferait la une de la presse ou le tour des réseaux sociaux. Du côté des modélisateurs, c'est la même chose, avec la contrainte additionnelle que certains modèles sont lourds en termes de calculs et demandent du temps pour produire un ensemble de simulations. Autant de contraintes techniques qui viennent donc s'ajouter à celles de la pression temporelle et de la fatigue. Et là où les conclusions d'un article sont passées par le filtre du contrôle de qualité de la révision par les pairs, rien de tout cela n'est permis ici. Les résultats basés sur les données et analyses du jour se retrouvent immédiatement interprétés, intégrés dans un rapport ou une présentation, puis communiqués. Par ces deux effets cumulés, les possibilités d'erreurs sont bien plus grandes.

De plus, pour conseiller le gouvernement, les experts se basent d'une part sur leurs propres observations et analyses, mais aussi, et dans une très grande proportion, sur des résultats et des publications scientifiques produites par d'autres. Ils doivent donc assurer un travail continu de veille scientifique pour suivre l'évolution des connaissances. Or, pour un nouveau virus sur lequel on ne sait rien au départ, cette évolution des connaissances est très rapide, évoluant parfois de semaine en semaine, et l'ampleur de la pandémie et de son impact a conduit à une véritable explosion des contenus scientifiques, entraînant un surplus de travail de veille pour tous les experts concernés.

L'évolution rapide de la pandémie a en effet amené les chercheurs et les revues scientifiques à modifier leurs pratiques. Les serveurs de preprint (présentant les articles avant leur publication) sont devenus un lieu de foisonnement scientifique sans précédent[13]. Des milliers d'articles ont été postés sur ces serveurs, sans pratiquement aucun filtre, certains présentant des données et résultats très fiables et importants, d'autres moins, voire complètement fantaisistes. Et parvenir à faire le tri entre ces publications nécessite donc de l'expertise et du temps, beaucoup de temps. Parallèlement, les revues scientifiques, les éditeurs et les relecteurs ont accéléré le processus de révision en ayant conscience du rôle déterminant qu'ils pouvaient jouer dans le filtrage et la promotion de résultats importants et urgents pour la gestion de la pandémie. Il y a toutefois aussi un aspect opportuniste à cet engagement, puisque les revues scientifiques elles-mêmes se retrouvent en concurrence, avec de gros enjeux financiers à la clé. Le secteur de l'édition scientifique n'a pas échappé à la concentration en quelques grands groupes qui se partagent aujourd'hui un marché mondial estimé à près de 10 milliards de dollars US.

Cette inflation du nombre de publications autour du Covid est tellement importante qu'il est aujourd'hui impossible, même pour un expert chevronné, de suivre tout ce qui est publié et d'en faire une analyse critique. Et je ne parle ici que des articles publiés dans des revues à comité de lecture des pairs. Il serait encore moins concevable de le faire avec l'ensemble des articles

---

13 Dans le domaine biomédical, le serveur medRxiv est sans conteste le plus connu. Il compte en juin 2021 presque 17 000 articles de preprints sur le Covid - SRAS-CoV-2, https://www.medrxiv.org.

soumis aux serveurs de preprint. Je ne compte pas le nombre de fois où je me suis retrouvé interpellé au sujet de tel ou tel article dont je n'avais jamais entendu parler, soi-disant révolutionnaire, mais qui, après examen, se trouvait présenter des lacunes méthodologiques importantes, ou était rapidement contredit par d'autres observations ou articles. Ce sera notamment le cas de l'hydroxychloroquine, annoncée dans un premier temps comme la molécule nous permettant de régler une fois pour tout le problème du Covid, sur la base de résultats présentant de nombreuses failles méthodologiques. La molécule sera utilisée en Belgique et dans de nombreux pays, intégrée à de nombreux essais cliniques, pour finalement conclure à l'absence d'un bénéfice réel ou d'un bénéfice bien plus limité qu'annoncé au départ. L'utilisation de cette molécule fera l'objet d'une controverse scientifico-politique sans précédent centrée autour de la personnalité du Pr Raoult.

C'est une des beautés de la science, elle évolue en permanence. De nouvelles observations peuvent à tout moment remettre en question un consensus jusque-là bien établi, faire l'objet de travaux supplémentaires permettant de déplacer l'état des connaissances, même s'il ne faut pas sous-estimer le conservatisme du monde scientifique qui a lui aussi son propre establishment qui freine parfois l'émergence d'idées nouvelles.

Dans leur pratique habituelle, les scientifiques prennent donc le temps de tester au mieux ce qu'ils affirment et se sont dotés de systèmes de contrôle de qualité par les pairs permettant de réduire les risques d'erreur. Mais ce qui est sans doute le plus dérangeant pour eux lorsqu'ils doivent assumer un rôle d'expert, surtout en situation de crise, c'est qu'ils sont en réalité assez peu amenés à devoir trancher une question de manière définitive ou univoque. Prenons à titre d'exemple l'interrogation simple en apparence mais relativement précise suivante : « Les masques sont-ils efficaces contre la transmission du virus SRAS-CoV-2 ? » Posez la question à un scientifique et la réponse immédiate ne sera pas « oui » ou « non » ! Ce sera sans doute : « Ça dépend, pouvez-vous préciser la question ?» Puis, il va vous demander des précisions : « Quel type de masques ? », « Dans quelles circonstances ? », « Pour protéger la personne qui le porte ou pour protéger les autres ? », « Pour des enfants qui vont chipoter à leur masque toute la journée ou pour du personnel de soin ? », « Avec ou sans barbe ? » S'il est sollicité sur cette question, le scientifique va pouvoir écrire un long rapport qui module sa réponse en fonction de ces éléments et circonstances. Et même sur une question qui préciserait les personnes ou le contexte, il va parfois se trouver confronté à des observations dont les interprétations vont dans des sens contradictoires. Par honnêteté intellectuelle, il présentera toutes ces observations pour mettre les choses en perspective, admettre qu'il reste certaines incertitudes, que l'on n'est pas totalement sûr de tous les aspects, tout en indiquant clairement ce qui, à ses yeux, reste le plus vraisemblable. Lorsque c'est possible, il cherchera également à quantifier le risque d'erreur qui accompagne ses affirmations.

Déposez ce rapport très détaillé sur le bureau d'un ministre chargé de recommander l'usage du masque dans le cadre des mesures sanitaires. La première chose qu'il va faire, c'est prendre son téléphone, rappeler l'expert et lui demander de faire une recommandation concrète et générale sur le port du masque dans différents lieux et circonstances, en précisant à juste titre qu'il ne faut surtout pas faire de règles trop compliquées ; sinon, elles ne seront pas facilement mises en œuvre par la population. Le fait même de devoir formuler des réponses générales à des problèmes complexes n'est pas dans l'habitude des scientifiques dont la pratique est très influencée par le réductionnisme scientifique, c'est-à-dire la décomposition d'un problème complexe en un ensemble de sous-questions élémentaires plus simples à traiter et ayant chacune leur propre domaine de validité. L'approche systémique est venue compenser les faiblesses du réductionnisme, mais elle implique aussi de déployer toutes les composantes d'une question scientifique et de décrire les interactions qui les lient, ce qui n'aboutira certainement pas à un rapport plus court.

Évolution permanente et très rapide des connaissances, données à analyser pratiquement en temps réel, foisonnement des publications de qualité très variable, nécessité de poser des choix clairs et simples dans un contexte complexe, variable et incertain, absence de données sur certaines questions et responsabilité énorme vis-à-vis de la société… La place d'expert en temps de pandémie est loin, très loin d'être simple, ou enviable.

Alors, comment faire ?

Chacun a sa méthode. La mienne a été de faire confiance à l'intelligence collective, de m'entourer, d'échanger avec de nombreuses personnes, d'avoir plutôt confiance dans le consensus, tout en maintenant une veille attentive, critique et ouverte aux observations ou publications qui s'en écartent. En science, les génies sont rares et les discours « seul contre tous » sont souvent plus représentatifs de l'ego de ceux qui les portent que construits sur des bases solides. Il faut garder l'esprit ouvert, attentif, critique, modeste, rester prêt à faire évoluer l'avis que l'on peut avoir sur une question à la lumière de nouvelles données, accepter et reconnaître de s'être trompé sur une question, et ne pas avoir honte de contredire un jour un propos que l'on aurait tenu soi-même deux mois plus tôt, à un moment où l'état des connaissances était différent, se retenir parfois de répondre de manière impulsive, résister à l'appel du « dernier mot ».

3.3. Masques et constance politique

Les connaissances scientifiques évoluent tout le temps et il n'y a donc pas le moindre problème à « changer d'avis » à la lumière de nouvelles données ou observations. En réalité, le fait même qu'une théorie puisse être en permanence remise en question par des observations discordantes est une des grandes caractéristiques de la science. Mais à l'inverse des connaissances scientifiques qui sont donc en perpétuelle évolution, on attend du pouvoir politique une constance et une grande cohérence dans ses décisions. Cette attente, qu'elle soit justifiée ou non, forme une tension avec le caractère évolutif de la science qui fut à l'origine de nombreux malentendus. La polémique sur le masque en est une parfaite illustration.

Au moment où l'épidémie arrive en Belgique, le consensus scientifique sur la transmission du virus par les aérosols n'est absolument pas clair. Lorsque quelqu'un expire, parle, tousse ou éternue, il projette des gouttelettes d'eau de taille variable. On va parler d'aérosols pour désigner les gouttelettes qui ont une taille inférieure à 5 microns, soit entre dix et vingt fois plus petites que l'épaisseur d'un cheveu. Ces microgouttelettes ont une si petite taille qu'elles peuvent rester en suspension dans l'air pendant relativement longtemps, parce que les forces de frottement de l'air sont pratiquement aussi importantes que la gravité et qu'il suffit d'un déplacement d'air très faible pour les maintenir en suspension. C'est pour une raison analogue que les nuages ne « tombent » pas. Ils sont formés en grande partie de microgouttelettes qui sont maintenues en suspension par les faibles courants ascendants. Si ces courants ascendants ne sont plus assez forts et que les conditions de pression et de température le permettent, ces microgouttelettes s'agrègent, forment des gouttes de plus grande taille, ce qui change le rapport entre force de frottement et force de gravité et… il pleut.

Mais revenons au virus. Si seules les plus grosses gouttelettes qui sont émises lorsque quelqu'un tousse ou postillonne sont capables de transmettre l'infection, le simple fait de se maintenir à une certaine distance d'une personne contagieuse, et que celle-ci s'assure de tousser dans son coude, peut empêcher une transmission par les voies aériennes, car les gouttelettes projetées par une personne malade n'iront jamais très loin. Il faut par ailleurs s'assurer d'empêcher une contamination indirecte par les mains qui toucheraient ces gouttelettes sur les surfaces contaminées et pourraient nous infecter lorsque l'on se touche les muqueuses. On s'en rappelle, ces dispositions concernant la distance, le fait de tousser dans son coude et de se laver les mains fréquemment sont celles qui étaient faites par les autorités en février-mars 2020.

En revanche, si les aérosols peuvent être porteurs de virus et impliqués dans la transmission, le fait d'ajouter des barrières physiques comme le masque, tant à la personne infectée qu'à celle qui ne l'est pas, devient nécessaire pour réduire le risque de transmission. Car en l'absence de masques et de ventilation, ces aérosols contaminants émis par la personne contagieuse peuvent rester en suspension, s'accumuler dans l'air de la pièce et finir par y infecter ceux qui s'y trouvent. En outre, ils peuvent plus facilement pénétrer en profondeur dans les poumons, là où les gouttelettes de plus grande taille seront plus facilement arrêtées dans les muqueuses respiratoires. Cette distinction entre aérosols et non-aérosols est une simplification. Il y a en réalité un continuum de tailles et des gouttelettes de taille intermédiaire, qui pour les mêmes raisons peuvent retomber moins vite que les gouttelettes de plus grande taille. Mais on comprend bien ici que si les aérosols contribuent à la transmission, les masques deviennent une protection nécessaire, alors que si seules les plus grosses gouttelettes sont impliquées, des mesures plus simples basées sur la distance et le lavage des mains pourraient parfaitement suffire.

Retour en mars 2020. L'OMS ne considère pas que la transmission par les aérosols soit établie. Il y a bien sûr différents scientifiques qui considèrent qu'elle est très probable, mais ils ne disposent pas encore de données expérimentales claires permettant de l'établir et de déplacer le consensus scientifique. Par ailleurs, les stocks de masques chirurgicaux et FFP2 (masques avec un plus grand pouvoir de filtration moins susceptibles de laisser passer les aérosols) sont au plus bas et particulièrement nécessaires pour le personnel soignant de première ligne qui ne peut se permettre de rester à une « distance de sécurité » des patients. Dans ce contexte et afin de préserver des stocks déjà insuffisants, le gouvernement ne conseille pas aux particuliers de s'équiper de masques et encore moins de les porter dans l'espace public. Mais la communication du gouvernement à ce sujet manque de franchise, car elle aurait été perçue comme un aveu d'échec par manque d'anticipation.

Les semaines s'écoulent et de plus en plus d'observations s'accumulent à propos de contaminations où une transmission par gouttelettes semble vraisemblable. Le consensus se déplace et, dans le même temps, différents experts s'expriment pour dire que l'utilisation du masque, même en l'absence d'un consensus clair, semble une mesure de précaution utile étant donnée la gravité de la pandémie. Le gouvernement prend acte et cherche, comme tous les autres gouvernements d'Europe, à augmenter son stock de masques. C'est là qu'il se heurte à la difficulté de s'approvisionner en urgence en un bien en apparence tout simple, mais difficile à obtenir rapidement en raison de l'absence d'unités de production basées sur notre territoire, avec une demande qui explose dans tous les pays en même temps. S'ajoute à cela la difficulté de faire le tri entre les offres sérieuses et celles de vendeurs peu scrupuleux qui ont flairé l'aubaine. Tout cela donne lieu à une saga invraisemblable dont on pourrait rire si elle n'avait pas eu des conséquences dramatiques en termes de retards de prévention. Finalement, l'approvisionnement n'est plus limitant et, dans le même temps, le consensus sur l'effet potentiellement bénéfique du port du masque par les adultes s'est déplacé, ce qui aboutira à un changement des recommandations. Il deviendra même obligatoire de porter le masque dans de nombreuses circonstances.

Mais alors que cette recommandation changeante a été la conséquence à la fois d'une évolution du consensus scientifique et d'une situation de pénurie, une partie de la population retiendra que le gouvernement et de nombreux experts se sont « trompés » ou montrés « incohérents ».

3.4. Des scientifiques « irrationnels » ?

De nombreuses critiques et interpellations parfois très virulentes à propos des décisions prises par le gouvernement et surtout de leur justification à l'aide d'arguments empruntés à la science proviendront du monde académique lui-même. Ces critiques viendront d'experts dans le domaine des sciences biomédicales au sens large – biologistes, virologues, médecins –, mais aussi de la part de scientifiques spécialisés en analyse de données et en modélisation, ou encore d'académiques de disciplines variées. Elles seront abondamment exprimées dans des articles d'opinion, sur les plateaux télévisés, sur les réseaux sociaux et plus tard, principalement à partir de la deuxième vague, sur différentes plateformes d'informations alternatives, comme celles de Covidrationnel ou du Belgian Alternative Media (BAM).

Le débat fait partie intégrante de la pratique scientifique. Comme je l'ai déjà évoqué, il n'est pas une publication scientifique qui ne fasse pas, à un moment ou à un autre de sa production, l'objet d'un examen ou d'une mise en discussion avec les pairs. Et cette discussion ne s'arrête pas au moment de la publication. Des articles publiés peuvent être critiqués par d'autres, contredits par de nouvelles publications obéissant aux mêmes standards de qualité. Mais c'est un débat relativement cadré sur la forme qui s'opère entre scientifiques disposant d'un langage et de bases de connaissances communes. En raison de l'importance prise par les décisions du gouvernement sur la vie collective, et parce que ces décisions étaient souvent appuyées par des positions d'experts et par des données, graphiques et arguments scientifiques, le débat scientifique auquel le public n'assiste généralement pas s'est tout d'un coup retrouvé sur la place publique. Pour plusieurs raisons, ce débat, dans ces conditions, ne pouvait pas bien se passer...

La première raison, c'est que la production scientifique qui va se retrouver dans les rapports des experts n'obéit ni aux mêmes pratiques, ni aux mêmes standards de qualité, ni aux mêmes objectifs que la production scientifique conventionnelle. Il s'agit d'analyses effectuées dans l'urgence, sans le contrôle de qualité de la révision par les pairs, avec des objectifs purement opérationnels. Toute la nuance et les limites des résultats d'une analyse qui figurent généralement dans n'importe quel article scientifique ne s'y trouvent pas. Pour reprendre l'exemple des masques, il n'a jamais été demandé aux experts d'écrire un long rapport avec toutes les nuances sur les conditions dans lesquelles le masque serait efficace ou pas. Il s'agissait de faire des recommandations concrètes et simples sur la pertinence de l'usage du masque à un moment donné de l'épidémie, et on peut étendre le raisonnement à de nombreuses recommandations sur différentes mesures.

La deuxième raison, c'est que, comme cela a déjà été souligné, les décisions qui sont prises n'obéissent pas exclusivement à des motivations scientifiques. Les mesures sont toujours des objets « hybrides » dans lesquels l'argumentation scientifique s'entremêle par l'intermédiaire de la décision politique avec des considérations tout autres, qui peuvent être des arbitrages économiques et sociaux ou de pures questions de faisabilité ou d'acceptation potentielle par l'opinion publique. L'erreur de la communication politique a peut-être été de chercher à se servir de l'argumentation scientifique pour venir justifier des choix de mesures qui combinent science et politique, ou de demander à certains scientifiques de se prêter à l'exercice de la justification de mesures politiques.

Pour prendre un exemple très concret, d'un point de vue scientifique, tout indique qu'il est bien plus efficace en termes de prévention de la transmission de fermer le secteur de l'Horeca que d'imposer le port du masque généralisé en rue. C'est pourtant la seconde mesure qui sera d'abord mise en œuvre lors de l'augmentation des hospitalisations et des cas qui sera constatée durant l'été ; tout simplement parce que l'impact économique de cette mesure est beaucoup plus faible, qu'elle est facile à mettre en œuvre et à contrôler, tout en ayant une efficacité attendue, certes faible mais hautement vraisemblable. L'arbitrage entre ces deux mesures semble ici évident, mais c'est la même logique qui va amener à de nombreuses situations qui peuvent sembler incohérentes du point de vue exclusivement scientifique, quand elles ne sont pas accusées de déroger au plus simple bon sens.

Autre exemple, la transmission dans une salle de spectacle n'a rien de différent de celle qui peut se dérouler dans un auditoire ou dans une salle de cours. Dans les deux cas, on a un public statique, masqué et plutôt silencieux qui est rassemblé pendant plusieurs heures dans un même lieu. Les risques de transmission peuvent être diminués par une réduction de l'occupation du local, par des masques et une bonne ventilation, mais ils ne peuvent être totalement exclus. Le choix du maintien des écoles secondaires avec une occupation à 50 % à des moments où les salles de spectacle étaient fermées n'est pas lié au fait qu'on imaginerait une transmission de risque ou de nature différente. C'est simplement un choix de nature politique qui va considérer que le maintien de l'ouverture de l'un est plus important que celui de l'autre.

La troisième raison, c'est qu'une carte blanche, une intervention sur un plateau télévisé ou sur un blog sont des moyens complètement inefficaces d'organiser le débat scientifique. D'abord parce que c'est un mode de communication indirect ou très limité par le temps médiatique, qui ne permet pas l'instauration d'un véritable dialogue, ensuite parce que ce mode de communication destiné au grand public nécessite une simplification et une vulgarisation du contenu. Car de deux choses l'une, soit deux experts sur un plateau discutent à l'aide du jargon qui est le leur et perdent complètement le public, soit ils prennent la précaution de vulgariser leurs échanges, mais ils y perdent alors en efficacité dans un temps médiatique qui est toujours compté. On peut aussi mentionner l'influence vraisemblable de la présence du public sur la capacité des uns et des autres à admettre une erreur face à des dizaines de milliers de téléspectateurs ou de lecteurs.

En dernier lieu, que ce soit dans un paysage médiatique influencé par les lois du marché ou sur les réseaux sociaux, une voix discordante portée par un ou plusieurs scientifiques suscitera toujours un intérêt particulier, surtout si elle vient remettre en question la position du gouvernement ou des mesures qui sont impopulaires. Les professionnels des médias le savent bien. Un article d'opinion un rien provocateur ou allant à contre-courant récoltera toujours plus de vues et de clics qu'un article plus « classique » du journal, surtout s'il concerne le sujet qui préoccupe le plus la population.

Le fait que le débat scientifique se déroule dans de si mauvaises conditions et par médias interposés a une conséquence très importante : la population n'y comprend plus rien. Peu au fait des pratiques scientifiques, du caractère évolutif de la science et du caractère parfaitement « normal » du débat scientifique, et face à ces vues divergentes qui s'étalent dans de nombreux médias, elle ne sait plus qui croire ni comment se comporter. Et je n'aborde même pas ici la question de certains faiseurs d'opinion qui ont tourné une fois pour toutes le dos à la démarche scientifique, mais qui s'expriment abondamment sur les réseaux sociaux, par narcissisme ou opportunisme.

Face à la dégradation du débat scientifique, avec d'autres experts du GEES, nous organisons en septembre 2020 une première conférence scientifique portant sur l'évaluation de la situation épidémiologique en Belgique et sur la gestion de l'épidémie. Celle-ci se fait avec l'aide du Conseil des recteurs néerlandophone et francophone et sous l'égide des Académies. La conférence donne enfin l'opportunité d'échanges entre scientifiques et experts associés ou non à la décision, s'étant exprimés dans les médias ou pas. Au moins l'espace de parole est là et permet d'organiser une communication directe et efficace entre scientifiques ayant parfois des visions très divergentes. Outre les experts du GEES, des interlocuteurs avec des positions aussi différentes que celles de Jean-Luc Gala, Marc Wathelet ou Lieven Annemans ont l'occasion de s'exprimer aux côtés de nombreux académiques d'autres disciplines, en particulier des sciences humaines, apportant un tout autre éclairage à de nombreux aspects de la crise. Il est particulièrement regrettable qu'un événement comme celui-là n'ait pas pu se reproduire durant les mois qui ont suivi. Je suis absolument convaincu qu'un tel forum aurait permis d'éviter une bonne partie de la polarisation des positions qui a pu s'observer dans les mois suivants, et d'éviter aussi en partie les forts mouvements de contestation qui vont naître.

À l'issue de la deuxième vague, différents académiques impliqués à des degrés divers dans le débat public autour des mesures se regroupent dans un collectif qui prend le nom de Covidrationnel[14]. Ce collectif interdisciplinaire entend peser sur le débat public par une contre-analyse scientifique à celle avancée par le gouvernement dans sa gestion de la crise. L'approche est louable et intéressante, mais d'entrée de jeu, elle se heurte à deux difficultés majeures.

---

14 https://covidrationnel.be.

La première est d'ordre symbolique. Se présenter comme défenseur de la « raison », de la « rationalité » renvoie tous ceux qui n'adhéreraient pas aux positions du collectif comme complices d'une démarche qui serait « irrationnelle », portée par le gouvernement et, implicitement, ses experts. Lorsqu'on entend prendre part à un dialogue scientifique, on ne commence pas par ironiser sur la rationalité ou la bêtise de ceux à qui on s'adresse. Le collectif se présente comme rassemblant les « rationnels » d'une part, qui se posent en défenseurs de la « Science », pour résister aux « irrationnels » qui n'ont que des mesures répressives à la bouche et ignoreraient tout des impacts sociaux, économiques et de santé mentale des mesures qu'ils recommandent. Les experts du GEMS sont accusés de présenter « des rapports qui ne passeraient pas la révision par les pairs » comme se doit tout article scientifique. Et pour tenter d'enfoncer le clou, les auteurs de Covidrationnel, dans une posture un peu moralisatrice, s'auto-imposent une sorte de révision par les pairs, internes au collectif pour se donner l'apparence d'une plus grande neutralité, objectivité et qualité scientifique. Étrangement, alors qu'ils le savent très bien, étant d'excellents scientifiques eux-mêmes, ils oublient de mentionner que le véritable *peer reviewing* passe par une relecture par des pairs extérieurs et indépendants, sans quoi il s'apparente à une coécriture. Tout ceci contribue à donner une image de donneurs de leçons qui n'est vraiment pas de nature à construire le dialogue.

La seconde difficulté est liée à la présence de certains acteurs et au rôle qu'ils ont joué à certains moments clés de la crise. De nombreuses figures de poids du collectif ont en effet cosigné vers la fin du mois d'août 2020 un article d'opinion intitulé : « Il est nécessaire et urgent de revoir totalement la gestion de la crise Covid-19[15]. » Cet article plaide pour une meilleure proportionnalité des mesures vis-à-vis de leur impact social, économique et de santé publique, par les effets indirects qu'elles ont sur l'économie, les reports de soin et la santé mentale. L'argumentation est parfaitement défendable car, comme on l'a souligné, la santé mentale et les questions sociales seront sous-représentées dans les groupes d'experts. Mais il y a un point qui n'a rien d'un détail, qui apparaît vers la fin du texte et va complètement le décrédibiliser. Les auteurs y affirment que : « ... aucune donnée objective sur le bénéfice du confinement de l'entièreté de la population n'a été fournie à ce jour » et « ... les mesures ont été prolongées et il semble maintenant qu'il faille à tout prix éviter de se faire infecter par un virus dont la dangerosité ne dépasse pas celle de la grippe saisonnière que nous vivons chaque année dans la "quasi-" indifférence générale. » Les auteurs ne peuvent ignorer à ce moment-là le fait que des pays comme la Norvège, la Pologne ou la Tchéquie, qui ont pris des mesures de confinement très analogues aux nôtres mais plus tôt par rapport à leur épidémie, ont réussi à éviter toute surmortalité. La comparaison avec la grippe saisonnière est difficilement compréhensible et infondée au regard des nombreux travaux qui confirment une dangerosité bien plus importante du Covid parmi les populations infectées. Les pays du monde ne sont pas tous soudainement devenus fous, mettant leur société à l'arrêt par plaisir, pour faire barrage à une maladie qui ne serait pas plus dangereuse qu'une maladie dont l'impact est largement accepté. Aux yeux de nombreux experts et principalement en raison de ces deux éléments, les cosignataires de ce texte ont perdu toute crédibilité scientifique. Ce sont eux

15 *Le Soir*, 27 août 2020, https://plus.lesoir.be/320906/article/2020-08-27/carte-blanche-il-est-necessaire-et-urgent-de-revoir-totalement-la-gestion-de-la.

les « irrationnels », idéologues, qui portent des affirmations très lourdes de conséquences, sans chercher à les étayer solidement.

En outre, durant le mois de septembre 2020, sur les plateaux, dans des cartes blanches, ces mêmes experts soutiendront que l'augmentation graduelle des hospitalisations et des cas n'a rien de préoccupant, alors même que les chiffres doublent tous les dix jours : « Ce sont des chiffres tout petits », « Il n'y a pas lieu de s'inquiéter. » Mais comme on l'a souligné plus haut, le problème d'une épidémie, ce n'est pas le niveau absolu, c'est la croissance. Des feux sont allumés au cœur de la forêt, ils sont encore de petite taille, ils se propagent et il ne faudrait pas intervenir ? Entre les 1er, 8, 15, 22 et 29 septembre, le nombre moyen de nouvelles hospitalisations passe de 12 à 25, puis à 45, 60, 80. Il ne cesse de croître. Le *Re* de l'épidémie, le taux de reproduction effectif calculé ici sur la base des nouvelles hospitalisations, et donc non influencé par l'intensité du testing, vaut 1,1. Dans le même temps, le *Re* basé sur le cas passe à 1,1 et le taux de positivité a augmenté de 3 % à 5,3 % en quelques semaines. Bref, tous les indicateurs convergent à ce moment pour montrer que nous sommes bien face à une reprise significative de la transmission, avec des temps de doublement de dix à quinze jours, dans un contexte saisonnier qui place devant nous l'hiver et la vie à l'intérieur plus favorables à la transmission. Cette propagation croissante et non contrôlée du mois de septembre va servir de tremplin à la deuxième vague qui sera tout aussi importante et meurtrière que la première.

Je l'ai déjà mentionné, les décisions qui furent prises à différents moments ne sont jamais le résultat des positions d'une seule personne qui influencerait isolément le cours de l'épidémie, mais reflètent un ensemble de positions pondérées par l'influence de chacun. Cette deuxième vague se serait produite de toute manière, que certains experts qui seront qualifiés de « rassuristes » s'expriment ou pas. Mais tant en raison des positions très peu étayées de la carte blanche du mois d'août que des prises de position fortes et publiques visant à relativiser, voire à nier, la reprise épidémique du mois de septembre, ceux-ci vont perdre tout crédit aux yeux des experts et membres du gouvernement. L'importance et le poids de ces experts dans le collectif Covidrationnel vont inévitablement susciter une très grande méfiance à son égard, même vis-à-vis de certaines interventions bien étayées qui auraient pu, sans ces handicaps, avoir une influence plus forte dans le débat public.

CHAPITRE 4

La ligne rouge

Une des conséquences inattendues de mes interventions dans les médias et de ma participation au GEES, c'est la véritable explosion de ma boîte mail, qui subit sa propre épidémie. Au pic, le flux entrant était d'un email par minute pendant les heures de bureau. Un jour, sur le temps pris à répondre à un seul message, une vingtaine d'autres s'accumulent et, paniqué, je referme avec précipitation le capot de mon ordinateur portable avec l'espoir que ce geste me permette d'échapper à cette machine infernale. Mon adresse électronique se trouve sur le site web de l'université ainsi que sur d'innombrables pages de conférences ou de publications scientifiques. Toute personne qui tape mon nom dans un moteur de recherche peut donc la trouver en deux clics. Des gens m'écrivent, parfois pour transmettre leur sympathie, des remerciements, ou pour m'exposer plus en détails la situation particulière qui est la leur et demander conseil. Au début, j'essaie d'y donner suite, mais cela s'avère très vite impossible. Je dois également gérer le flux de messages liés à ma nouvelle fonction au GEES qui s'ajoutent à ceux de mon activité professionnelle, sans compter les innombrables messages indésirables qui parviennent à se faufiler malgré les filtres antispam. Tous arrivent dans la même boîte et chaque matin, presque chaque heure en réalité, je dois effectuer un tri rapide me permettant de séparer les messages que je vais devoir traiter de ceux qu'il va me falloir glisser dans une grande boîte « Covid - public » ou dans la corbeille.

Un jour, mon doigt s'apprête à frapper la touche Delete parce qu'à la lecture rapide du titre, j'ai vu le mot « SM le Roi » et qu'habituellement les princes, rois, présidents ou leurs veuves et enfants qui m'écrivent me proposent une petite fortune si j'accepte de leur prêter mon compte en banque afin d'y transférer le million de dollars qu'un dignitaire étranger cherche à cacher. Mais mon doigt évite de justesse le Delete et je lis le contenu du message. C'est bien un roi, mais un vrai, le nôtre, SM le roi des Belges, Philippe de Belgique, qui souhaite avoir une discussion au sujet de la pandémie. Bien entendu, j'accepte le rendez-vous téléphonique qui m'est proposé par son secrétaire. Nous aurons un entretien d'une heure au sujet de l'épidémie qui touche notre pays et le Roi y exprimera notamment son interrogation vis-à-vis du niveau de décès qui semble si élevé chez nous lorsqu'on le rapporte à notre population.

La question des décès est évidemment centrale. Car si elle ne représente pas le seul impact sanitaire qu'ait eu la pandémie sur notre société, elle dessine les contours de ce que notre société est prête à accepter ou est prête à entreprendre pour les éviter. Pour bien comprendre ce qui s'est trouvé au centre des décisions prises dans l'urgence, il faut donc comprendre ce qui influence les décès.

Dès le début de la pandémie, les données en provenance de Chine et d'autres pays touchés très tôt indiquent que le risque de décès à la suite d'une infection par le SRAS-CoV-2 augmente très fortement avec l'âge, et cette tendance ne fera que se confirmer au fur et à mesure de la propagation de la pandémie. On identifie également très vite que la présence de comorbidités, c'est-à-dire d'autres maladies dont souffrent certains patients, sont susceptibles d'augmenter le risque de formes sévères ou de décès. Ces autres maladies comme l'hypertension, le diabète, l'obésité, les cancers, les troubles cardiovasculaires ou les pathologies du système respiratoire ou rénal sont des maladies non infectieuses mais malheureusement assez répandues dans la population. L'augmentation du risque de décès avec l'âge n'est pas linéaire et suit une progression géométrique[16]. Pour les personnes de 20 à 30 ans, le risque de décès à la suite d'une infection est très faible et estimé à approximativement 1/10 000. Mais au fur et à mesure que l'on progresse dans les classes d'âge, le risque de décès augmente et est multiplié par 10 par tranche de 20 ans. Il devient donc de 1 /1 000 pour les personnes de 40 à 50 ans, de 1/100 pour les 60 à 70 ans, et de 1/10 pour celles et ceux qui ont plus de 80 ans. Cela peut sembler peu aux yeux de certains et le fait même qu'il y ait une augmentation du risque de décès lié à une infection en fonction de l'âge n'a rien d'atypique, mais ça n'en reste pas moins un risque de décès qui est globalement dix fois supérieur à celui de la grippe saisonnière.

Par conséquent, l'impact d'une épidémie dans un pays va dépendre de trois choses : la pyramide des âges, c'est-à-dire le décompte des personnes en fonction des différentes catégories d'âge ; la fréquence des maladies qui augmentent les risques d'infections sévères et de décès ; et la qualité des soins qui vont être apportés aux personnes présentant ces formes sévères. Les sociétés occidentales ont des populations relativement âgées en comparaison avec de nombreux pays d'Asie et surtout d'Afrique subsaharienne. À titre d'exemple, selon les statistiques de 2019

---

16 Megan O'Driscoll, Gabriel Ribeiro Dos Santos, Lin Wang *et al.*, « Age-specific mortality and immunity patterns of SARS-CoV-2 », *Nature*, 590, 140-145, 2021, https://doi.org/10.1038/s41586-020-2918-0.

diffusées par la Banque mondiale[17], les personnes de plus de 65 ans représentaient 19 % de la population de la Belgique, 16 % aux États-Unis, 11 % en Chine, 6 % en Inde et seulement 3 % au Nigeria. En outre, de nombreuses maladies qui accroissent le risque de décès sont également plus fréquentes dans les pays à hauts revenus et dans une certaine mesure dans certains pays en transition économique. Selon les données de l'OMS de 2016[18], la prévalence de l'obésité (le pourcentage de personnes avec un indice de masse corporelle ou *body-mass index* ≥ 30) était dans ces mêmes pays de 22,1 %, 36,2 %, 6,2 %, 3,9 % et 8,9 %. Par conséquent, le risque de décès rapporté à l'ensemble de la population varie très fortement d'un pays à l'autre, et l'on comprend ainsi aisément que les pays avec des populations plus âgées et fortement touchées par les comorbidités ont été particulièrement vulnérables. Or, la Belgique fait partie de cette catégorie de pays.

En Belgique, sur la base des données de la première vague, l'équipe du biostatisticien Niel Hens a estimé un taux de décès de 0,7 % parmi les personnes infectées, toutes classes d'âge confondues. Ce taux s'est révélé très proche de celui qui était connu de nos autorités en mars 2020, sur la base des données en provenance de Corée du Sud et des provinces chinoises peu touchées qui avaient pu éviter la saturation hospitalière. Ce taux de décès peut paraître relativement faible. Mais il se traduirait par un nombre de décès considérable si l'épidémie en venait à toucher un grand nombre de personnes. On peut en faire le calcul simplement. Si le seuil d'immunité collective est à 70,5 %, avec une population de 11,46 millions d'habitants, il aurait fallu infecter 0,705 x 11,46 = 8,08 millions de personnes avant que

17 Banque mondiale, https://data.worldbank.org/indicator/SP.POP.65UP.TO.ZS.

18 OMS 2016, données disponibles sur https://ourworldindata.org/obesity.

le *Re* passe sous 1 et que l'épidémie ralentisse. Mais, déjà, 0,7 % appliqué à ces 8,08 millions amène au chiffre de 56 560 décès, et cette estimation n'inclut pas la phase décroissante de l'épidémie.

En outre, il s'agit d'une estimation qui ne tient pas compte de l'effet direct et indirect de la saturation hospitalière qui aurait résulté de l'épidémie si ces infections s'étaient déroulées de manière incontrôlée. En effet, dans les situations où les hôpitaux ont été complètement débordés, comme celles rencontrées à Wuhan et dans la province de Hubei par exemple, le taux de décès des personnes infectées est monté jusqu'à 2,1 %, soit trois fois plus. On soupçonne par ailleurs que ces taux de décès officiels sous-estiment la mortalité réelle. Cette augmentation des taux de décès en situation de saturation hospitalière est tout simplement liée au fait que des patients qui auraient pu être sauvés à l'aide de respirateurs, d'assistance respiratoire ou de lits de soins intensifs ne l'ont pas été, faute d'équipement disponible et de soins adaptés. Par conséquent, une épidémie incontrôlée qui aurait submergé davantage nos capacités d'admission en soins intensifs aurait pu mener à un bilan direct au moins trois fois plus lourd. En outre, une telle situation de saturation de la médecine d'urgence aurait également occasionné une mortalité supplémentaire indirecte liée au manque d'équipement et de personnel pour traiter les autres situations d'urgence : accidents de la route, accidents domestiques, accidents vasculaires cérébraux, infarctus myocardiques, etc. Autant de pathologies aiguës qui, non prises en charge adéquatement, auraient encore alourdi le bilan lié à l'infection. Lors de l'épidémie d'Ebola en Afrique de l'Ouest par exemple, des chercheurs ont quantifié que la très forte déstructuration des systèmes de santé causée par l'épidémie a abouti à une mortalité indirecte pratiquement aussi importante que celle liée au virus lui-même.

Ce scénario catastrophiste d'une épidémie totalement incontrôlée chez nous est délibérément irréaliste. Aucun pays, aucune société n'aurait laissé l'épidémie se propager sans jamais chercher à intervenir pour la ralentir. Les populations elles-mêmes se seraient isolées pour limiter la transmission. Par ailleurs, ce scénario est également irréaliste, car il fait l'hypothèse que l'ensemble de la population serait « infectable ». Or, de nombreuses observations montrent que certaines personnes n'ont jamais été infectées, alors que toute leur famille l'était. Il existe visiblement des facteurs encore mal connus qui protègent certaines personnes de l'infection, comme d'autres rendant l'infection systématiquement grave ou létale.

Mais les chiffres avancés peuvent être croisés avec ceux des trois vagues épidémiques que nous avons connues. Au terme de la troisième vague, nous avons eu à déplorer 25 000 décès et on peut estimer sur la base des enquêtes sérologiques qu'entre 20 et 25 % de la population ont été à un moment ou l'autre infectés par le virus, ce qui correspond au tiers des 70 % qu'il faudrait atteindre pour l'immunité collective. En laissant l'épidémie se propager jusqu'à ce seuil, on aurait donc pu compter trois fois plus de décès, soit 75 000 décès potentiels. Mais soulignons encore une fois que ces 25 000 décès pour 20 à 25 % de la population infectée sont le résultat d'un taux de décès obtenu dans de bonnes conditions de prise en charge, c'est-à-dire sans jamais se trouver dans une situation où un grand nombre de personnes avec une bonne espérance de vie auraient été privées de soins d'urgence.

Au moment où l'épidémie nous touche, toutes les données présentées plus haut sur la vitesse de l'épidémie et sur la mortalité sont connues des experts et de nos autorités. Il y a donc deux priorités. La première est d'éviter cette saturation hospitalière susceptible de multiplier par trois les décès directs liés au Covid et de prévenir une mortalité indirecte additionnelle liée à la déstructuration de la médecine d'urgence. Il ne faut d'ailleurs pas négliger le poids de choix éthiques auxquels cette situation aurait immanquablement amené nos médecins : devoir choisir entre différents patients pour l'attribution d'équipements vitaux. La deuxième priorité, c'est de chercher à freiner la transmission pour diminuer le nombre de personnes infectées afin de limiter l'impact sanitaire de l'épidémie et la proportion totale de personnes infectées. Il y a en effet une donnée importante que les autorités n'ont pas à ce moment-là et dont l'importance prendra des mois à faire surface dans le débat public. C'est l'effet de la maladie pour les personnes qui ne décèdent pas, mais dont la santé est durablement affectée par les séquelles directes de l'infection (comme la fatigue chronique, l'essoufflement à l'effort ou la perte de l'odorat) ou indirectes d'un long séjour en soins intensifs (dénutrition, perte de masse musculaire, diminution de la capacité respiratoire). L'impact sanitaire global de ce Covid long est alors inconnu, mais il aura également largement justifié la prise de mesures d'urgence cherchant à limiter la transmission dans notre société.

À côté de ce raisonnement purement sanitaire, je pense qu'il y a également un élément symbolique fort, une ligne rouge que notre société, incarnée par le gouvernement, ne voulait pas franchir et qui a influencé toute la stratégie qui a suivi. Nous ne voulions pas que, dans notre pays, on puisse voir des patients en détresse respiratoire décéder en masse aux portes de nos hôpitaux faute d'équipement ou de personnel de soin. Autrement dit, nous n'avons jamais été dans une stratégie du risque zéro cherchant à éviter les décès à tout prix, on le verra dans la gestion des vagues suivantes. Mais l'idée que nous nous faisons de l'État et de son devoir de protection vis-à-vis de ses citoyens rendait symboliquement et politiquement inacceptables une situation de saturation hospitalière et l'incapacité à prendre tout le monde en charge. Il fallait agir vite et fort pour empêcher cela.

4.1. La Belgique dans le top 5 des décès ?

Lors de cette première vague, les capacités de dépistage des différents pays du monde varient considérablement et le décompte des morts du Covid devient la principale manière de comparer les bilans. À l'issue de la première vague, nous avons un des taux de décès par million d'habitants les plus élevés au monde. Il y a de nombreuses controverses portant sur la manière de comptabiliser les morts « Covid » ou « non Covid », chez nous comme ailleurs. Aurions-nous compté « trop de morts », ce qui expliquerait ce triste palmarès ?

Contester que le virus soit à l'origine du décès de personnes disposant d'une bonne espérance de vie, à l'issue d'une insuffisance respiratoire, d'une dégradation de leur état de santé compatible avec le tableau clinique très spécifique de cette maladie et d'un test PCR[19] positif relève incontestablement d'une forme de déni, voire de complotisme. En revanche, on peut légitimement s'interroger sur le rôle de l'infection virale lorsqu'une personne très fortement fragilisée par l'âge et par d'autres maladies en vient à décéder tout en étant simultanément positive à un test PCR. En outre, au moment où certaines personnes décèdent, la charge virale n'est parfois tout simplement plus détectable, le pic d'excrétion virale, c'est-à-dire le moment où la quantité de virus dans le corps est la

---

19 Polymerase chain reaction : processus chimique au cœur des tests de diagnostic utilisés pour détecter la présence d'ARN du virus SRAS-Cov-2.

plus importante, se produisant généralement bien plus tôt. La Belgique sera très inclusive dans ce décompte des décès et cela fera l'objet de nombreuses critiques. Mais il existe une autre méthode relativement robuste qui permettra de croiser les statistiques de décès officiels. Il s'agit simplement de mesurer l'excès de mortalité, c'est-à-dire le nombre de décès excédentaires par rapport à ceux que l'on observe habituellement durant la même période. Et durant la première vague, cet excès de mortalité sera très proche du décompte officiel des décès Covid. Entre le 9 mars et le 1er mai 2020, soit l'essentiel de la première vague, on a recensé officiellement 8 262 décès liés au Covid. Sur la même période, selon l'Observatoire belge de la mortalité Be-MOMO[20], on aura observé un excès de 8 132 décès par rapport aux années précédentes, ce qui est sensiblement proche. Il y aura durant les mois qui suivront la première vague des écarts plus importants entre les estimations par d'excès de mortalité et les décomptes « Covid » officiels, mais ceux-ci sont bien moindres que ce qui sera observé dans de nombreux autres pays. Cette méthode de l'excès de mortalité, ou de la « surmortalité », constitue donc une manière relativement robuste de comparer les bilans de différents pays ou régions, puisqu'elle dépend très peu des critères utilisés pour considérer qu'un décès est « Covid » ou « non Covid ».

À ce titre, la Belgique sera pénalisée par sa manière plus inclusive de comptabiliser les décès dans les comparaisons internationales, puisque des analyses rétrospectives vont montrer que de nombreux pays ont très largement sous-estimé les décès liés au Covid. Au terme de la première vague par exemple, l'Espagne et l'Italie auront moins de décès par

---

20 https://epistat.wiv-isp.be/momo/.

million d'habitants que la Belgique si l'on se base sur les décès officiellement recensés. À l'inverse, le bilan de notre pays sera meilleur que ces deux pays si l'on se base sur l'excès de mortalité. Mais quelle que soit la manière de compter et qu'on l'exprime en décès par million ou en pourcentage d'excès de mortalité, notre pays aura un bilan particulièrement lourd à l'issue de la première vague. Le fait que notre méthode de comptage soit apparemment plus fiable que celle d'autres pays n'enlève rien à ce constat. Mais si ce n'est pas notre manière de compter qui est en cause, comment expliquer cette mortalité en apparence si élevée ?

On a déjà évoqué les premiers facteurs qui influencent la mortalité : la pyramide des âges et la fréquence des maladies qui augmentent le risque de formes sévères et de décès. Ces éléments permettent certainement d'expliquer pourquoi le bilan des décès semblera si faible dans de nombreux pays d'Afrique subsaharienne. Mais de ce point de vue, notre pays n'est pas particulièrement plus vulnérable que ses voisins européens. Il n'y a pas de différences intra-européennes dans la démographie et la morbidité qui permettraient d'expliquer des différences de mortalité aussi fortes. À titre d'exemple, selon les données centralisées sur la plateforme Our World in Data[21], au 1er juillet 2020, les bilans de la Belgique, de la France, de l'Espagne, de la Norvège, de la Pologne et de la Tchéquie sont de 841, 442, 606, 46, 39 et 32 décès par million de personnes. Selon les données de la Banque mondiale, tous ces pays ont des pourcentages de population de plus de 65 ans qui sont très proches et qui fluctuent entre 17 et 20 %. Et les statistiques concernant la fréquence de comorbidités ne permettent pas non plus d'expliquer de telles

21 Our World in Data : coronavirus, https://ourworldindata.org/coronavirus.

différences de mortalité. La Belgique n'a pas 25 fois plus de personnes à risque que la Tchéquie. Or, il y a bien un rapport de 25 entre le nombre cumulé de décès de ces deux pays à l'issue de la première vague.

Notre bilan de la première vague sera particulièrement alourdi par la situation dramatique qui sera rencontrée dans de nombreuses maisons de repos. Le manque de préparation, de procédures sanitaires claires, d'équipement de testing et de protection pour le personnel et les résidents aboutira à des situations dramatiques. Il faut souligner que la gestion de l'épidémie dans les maisons de repos et de soins sera également très variable. Certaines ayant fait l'expérience d'épidémies de grippe particulièrement sévères avaient mis en place des procédures claires de prévention sanitaire qui furent simplement activées avec beaucoup de succès à l'occasion de la pandémie. Dans d'autres, il y eut des phénomènes de panique, d'incompréhension, de confusion et de chaos qui ont mené à des décès par le Covid qui auraient pu être évités. Par ailleurs, qu'il s'agisse de l'impact psychologique de l'isolement sanitaire prolongé de certains pensionnaires (syndrome de glissement), de problèmes de déshydratation, de relative dénutrition ou de retard de prise en charge de pathologies chroniques, de nombreuses situations rencontrées dans un contexte d'urgence et de confusion ont pu amener à des décès indirects qui, eux aussi, auraient pu être évités par une meilleure préparation.

Le bilan des maisons de repos et de soins sera d'ailleurs proportionnellement beaucoup moins lourd lors de la deuxième vague, lorsque les équipes seront mieux préparées et qu'un dépistage systématique du personnel y sera entrepris. Mais notre pays ne sera pas le seul dans cette situation. La France, l'Italie ou la Suède connaîtront également des mortalités importantes dans les maisons de repos. Ni notre pyramide des âges, ni la fréquence d'autres maladies, ni le développement de l'épidémie dans ce secteur particulièrement vulnérable de notre société ne permettent à eux seuls de rendre compte de notre bilan élevé de décès par million d'habitants à l'issue de la première vague.

Pour mieux comprendre ces écarts, intéressons-nous maintenant au bilan des deuxième et troisième vagues, c'est-à-dire de la période qui va du 1er juillet 2020 au 1er mai 2021. Selon la même source, les nombres cumulés de décès par million d'habitants sont à présent de 1 252 (Belgique), 1 110 (France), 1 066 (Espagne), 93 (Norvège), 1 755 (Pologne) et 2 705 (Tchéquie). Que s'est-il donc passé ? Voilà donc que la Pologne et la Tchéquie ont un bilan bien pire que celui de la Belgique. Ces pays seraient-ils devenus tout d'un coup plus vulnérables ? Leur population aurait-elle changé ? Pas vraiment. En réalité, ces bilans de décès sont à mettre en relation avec la taille de l'épidémie, c'est-à-dire le nombre total de personnes infectées, et ce nombre dépend lui-même de la manière dont chacun de ces pays a réussi à plus ou moins maîtriser la transmission du virus dans la période correspondante. Lors de la première vague, la Norvège, la Pologne et la Tchéquie ont pris des mesures fortes et très analogues à celles appliquées en Belgique, et pourtant, elles ont eu un bilan jusqu'à 25 fois meilleur ! La grande différence est en réalité toute simple : ces trois pays ont implémenté leurs mesures beaucoup plus tôt par rapport au développement de leur épidémie.

Pour mesurer et comparer les mesures prises par différents pays, une équipe de l'université d'Oxford a constitué un indice appelé le « Stringency index », ce qui pourrait se traduire par

« indice de sévérité », qui mesure sur une échelle de 0 à 100 le niveau de sévérité des mesures prises pour lutter contre la transmission dans de nombreux pays[22]. Cet indice est une mesure pondérée qui prend en compte des dispositions comme les interdictions de rassemblement, les fermetures d'école, de commerce, etc. Si l'on examine l'évolution temporelle de cet indice de sévérité, on constate que les six pays cités ci-dessus présentent une augmentation très rapide des mesures de confinement entre le 9 et le 20 mars 2020. L'augmentation des mesures est pratiquement simultanée. Mais l'état d'avancement de l'épidémie dans ces pays est lui très différent. Pour le mesurer, prenons le nombre de décès cumulés au 31 mars, ce qui en raison de l'effet retard est un bon indicateur de la transmission qui devait se dérouler vers la mi-mars. Ces décès cumulés par million d'habitants sont déjà de 180 en Espagne, de 60 en Belgique, 52 en France et respectivement seulement de 7, 3 et 1 en Norvège, Tchéquie et Pologne. Autrement dit, ces trois pays ont pris des mesures aussi fortes qu'en Belgique à un moment où la transmission était encore extrêmement faible sur leur territoire. Ils vont donc bénéficier d'un effet levier gigantesque sur la réduction de la transmission et des décès.

C'est le propre d'une réaction en chaîne, plus on intervient tôt pour la stopper, plus le bénéfice est grand. Pour reprendre l'analogie avec le feu de forêt, c'est un peu comme si l'Espagne, la Belgique et la France avaient envoyé les Canadairs pour éteindre des feux de forêt déjà bien entamés et que la Norvège, la Tchéquie et Pologne avaient lâché la même quantité d'eau sur quelques flammèches. Les premiers parviendront à ralentir

---

22 Thomas Hale *et al.*, « A global panel database of pandemic policies (Oxford COVID-19 Government Response Tracker) », *Nature Human Behaviour*, 2021, https://doi.org/10.1038/s41562-021-01079-8Covid-19], données disponibles sur https://ourworldindata.org/grapher/covid-stringency-index.

le feu puis à l'éteindre, sans parvenir à éviter un impact important. Pour les seconds, le dommage sera complètement évité. En Norvège, Tchéquie et Pologne, ces mesures fortes et précoces auront été tellement efficaces que ces pays n'auront même pas à subir un excès de mortalité mesurable pendant la première vague. La progression de l'épidémie en Europe a donc eu un effet d'entraînement qui a mené un ensemble de pays européens à prendre des mesures pratiquement simultanées qui eurent un effet levier bien plus important dans les pays où l'épidémie n'en était qu'à ses débuts. Les différences de bilan des pays ayant des caractéristiques démographiques semblables seront donc principalement liées au niveau auquel l'épidémie se trouvait au moment où les mesures de confinement furent prises.

Les variations géographiques dans les niveaux initiaux de circulation du virus permettent aussi d'expliquer les différences sous-nationales observées dans la mortalité. En France par exemple, les décès de la première vague ont surtout concerné les régions du Grand Est et de l'île-de-France, alors que d'autres régions ont été très peu touchées, comme le Sud-Ouest. Cette différence n'est pas liée au fait que cette dernière région soit moins vulnérable ou moins propice à la transmission. Simplement, l'épidémie y était beaucoup moins développée lorsque les mesures nationales furent prises et celles-ci y ont donc empêché les développements ultérieurs. C'est d'ailleurs pour cette raison que les bilans nationaux des grands pays sont favorisés par rapport à celui d'un petit pays densément peuplé comme le nôtre. Les régions peu touchées qui bénéficient de mesures nationales permettent de réduire le bilan national rapporté à l'ensemble de la population. À l'issue de la première vague, l'excédent de mortalité belge sera supérieur à celui de la

France, mais inférieur à celui observé dans les régions d'Île-de-France ou du Grand Est.

Ces éléments nuancent le bilan belge de la première vague. Ils indiquent en particulier qu'un confinement plus précoce aurait certainement sauvé des vies. Mais c'est un constat qui est très facile à faire *a posteriori*, lorsque tous les éléments sont connus. Au début de la pandémie, les pays qui prendront une décision précoce par rapport au développement local de leur épidémie bénéficieront de la simultanéité des mesures prises dans l'ensemble des pays européens. Or, il est beaucoup plus facile de convaincre la population de la nécessité d'un lockdown lorsque toute l'Europe prend des mesures similaires que de faire office de précurseur. La situation italienne avait de quoi nous alerter, mais au moment où les mesures furent prises en Belgique, en France et en Espagne, nous sous-estimions sans aucun doute l'étendue que l'épidémie avait déjà prise. Si le début de l'épidémie reste difficile à dater, l'interprétation des données génétiques virales indiquent que la Belgique a dû faire face à une véritable vague d'introductions simultanées. Par ailleurs, de nombreux témoignages de médecins vont faire état de symptômes compatibles avec le Covid en février déjà, auprès de patients chez lesquels on détectera plus tard la présence d'anticorps spécifiques au SRAS-CoV-2. Il est vraisemblable que l'épidémie ait circulé chez nous à un bas niveau en février déjà et soit montée en puissance dans les semaines qui ont suivi. La région du Grand Est en France a connu un développement très similaire à celui de la Belgique, et la proximité de cette région a également pu contribuer au démarrage de l'épidémie chez nous.

La Lombardie en Italie, l'Île-de-France et le Grand Est en France, le Grand Londres, la région madrilène et certaines des provinces des Pays-Bas ont également en commun d'avoir été particulièrement touchés par des démarrages épidémiques précoces ayant abouti à des surmortalités très importantes à l'issue de la première vague. Notre pays et ces régions sont densément peuplés, formant des bassins économiques très importants avec de nombreux liens économiques, sociaux et culturels avec l'international. Ces caractéristiques communes les ont vraisemblablement plus fortement exposés que d'autres à l'introduction de cas en provenance de pays tiers touchés plus précocement.

Lors des deuxième et troisième vagues, il devient plus difficile de lier le bilan de mortalité à la précocité des interventions des différents pays, puisque le « début » de la vague n'est plus clairement déterminé. Ce qui est clair, c'est que la Tchéquie et la Pologne auront beaucoup de difficultés à contrôler la transmission et seront touchées par des deuxième et troisième vagues épidémiques de très grande ampleur qui mèneront à un bilan de décès supérieur à celui de la Belgique. Ces bilans seront donc entièrement liés à la capacité des pays à maîtriser leur dynamique épidémique, avec, au final, des succès et des échecs très variables.

À l'issue des trois vagues épidémiques, le bilan belge est lourd, mais ne situe plus notre pays dans le triste palmarès des pays européens les plus impactés par la pandémie. Le *Financial Times* a ainsi rassemblé les estimations d'excès de mortalité d'un ensemble de pays depuis le début de la pandémie, ce qui, rappelons-le, est sans doute la mesure la plus robuste de son impact direct et indirect[23]. Du 1er mars 2020 au 5 mai 2021, le bilan belge se fixait ainsi à une surmortalité de + 15 % par

23 « Coronavirus tracker : the latest figures as countries fight the Covid-19 resurgence », https://www.ft.com/content/a2901ce8-5eb7-4633-b89c-cbdf5b386938.

rapport à une période analogue lors des années précédentes. De nombreux pays ont un bilan nettement supérieur, comme la Bulgarie (+ 25 %), la Tchéquie (+ 27 %), la Pologne (+ 22 %) ou la Slovaquie (+ 28 %). De plus grands pays ont des bilans légèrement supérieurs à la Belgique comme l'Espagne (+ 17 %), l'Italie (+ 18 %), le Royaume-Uni (+ 17 %) ou le Portugal (+ 17 %). D'autres ont un bilan un peu plus favorable : les Pays-Bas (+ 12 %), la Suède (+ 12 %), la Suisse (+ 12 %) ou la France (+ 10 %). Enfin, certains se distinguent en ayant réussi à maintenir une surmortalité à des niveaux très bas, voire non mesurables, comme l'Allemagne (+ 3 %), la Norvège (+ 1 %) et le Danemark (0 %). Au niveau mondial, de nombreux pays d'Amérique latine seront particulièrement touchés comme le Pérou (+ 123 %), l'Équateur (+ 67 %), le Mexique (+ 55 %) ou le Brésil (+ 34 %), avec une inconnue pour l'Inde où l'excédent de mortalité va être assez difficile à établir. Ces bilans sont évidemment temporaires et malheureusement encore amenés à évoluer.

4.2. Éviter la surmortalité ?

Qu'ont en commun l'Allemagne, la Norvège et le Danemark pour parvenir à un bilan aussi favorable à l'issue des différentes vagues épidémiques ? Pas de solution miracle. Ces pays se sont appuyés sur des mesures de prévention très analogues à celles implémentées chez nous, avec un effet levier important lorsqu'elles étaient précoces par rapport au niveau de l'épidémie. La Norvège, par exemple, a mis en place son lockdown le 12 mars, le jour du premier décès Covid recensé sur son territoire, avec la fermeture de l'ensemble de l'enseignement, l'annulation des événements sportifs et culturels, la fermeture des commerces et des mesures spécifiques concernant les restaurants. Le pays a aussi pris des mesures strictes de quarantaine pour toute personne ayant voyagé à l'étranger dans les deux semaines qui ont précédé. Le Danemark implémente également un lockdown en deux temps, les 12 et 18 mars, avec fermeture de l'enseignement, des commerces et limitation des rassemblements. En Allemagne, même chose, confinement en plusieurs temps, avec certaines variations régionales, et les mesures les plus fortes implémentées les 14, 16 et 22 mars. Mais le succès dans la durée, et cela se marquera également lors des deuxième et troisième vagues, ne dépend pas uniquement de la prise des mesures. D'autres facteurs sociaux et culturels moins connus sont susceptibles d'avoir contribué à leur efficacité.

Le premier facteur est en lien avec les structures sociales et la manière dont les gens vivent. Des enquêtes ont ainsi déterminé que les Allemands ont par exemple un nombre moyen de contacts hebdomadaires inférieur à celui des Belges ou des Italiens. Selon les chiffres de la base de données Socrates[24], le nombre moyen de contacts journaliers entre personnes de 18 à 60 ans est de 6,21 en Allemagne, 13,5 en Italie et 9,38 en Belgique. En l'absence de toute mesure de contrôle, l'Allemagne est donc dès le départ dans une situation bien plus favorable que celle rencontrée en Belgique ou en Italie, ce qui se traduit par un *R0* plus faible et donc une plus grande efficacité des mesures pour arriver à faire baisser le *Re* sous la valeur de 1. Autrement dit, le potentiel épidémique est dès le départ plus faible en Allemagne, en raison de contacts sociaux moins fréquents. Partant d'une valeur de *R0* plus faible, il y est plus facile de réduire la transmission en dessous d'un certain seuil par des mesures de prévention identiques.

---

24 http://www.socialcontactdata.org/socrates/.

Il n'y a pas de données analogues pour la Norvège ou le Danemark, mais bien pour la Finlande qui indiquent une moyenne de 8,78, soit un chiffre légèrement inférieur à celui de la Belgique. En outre, la manière dont les personnes vivent n'est pas la même non plus. Les pays scandinaves sont ceux dans lesquels la proportion de personnes vivant seules est la plus élevée. En Europe, 35,0 % des foyers sont occupés par des personnes vivant seules, mais ces proportions varient d'un pays à l'autre, 44,0 % au Danemark, 44,7 % en Finlande, 71,0 % en Suède, 39,7 % en Allemagne et 32,2 % en Belgique[25]. Or, on sait qu'une grande partie de la transmission se déroule entre personnes vivant sous le même toit. Le fait d'avoir une grande proportion de personnes vivant seules permet de rendre les mesures qui réduisent les contacts extérieurs proportionnellement beaucoup plus efficaces en termes de réduction de la transmission générale. La combinaison d'un plus faible nombre de contacts journaliers réalisé à l'extérieur avec une plus grande part de personnes vivant seules à l'intérieur est donc de nature à favoriser ces pays vis-à-vis de la transmission et de l'efficacité des mesures de prévention.

Le second facteur est plutôt culturel. Il existe un grand nombre d'indicateurs qui sont utilisés pour quantifier la confiance que les citoyens ont entre eux, vis-à-vis de leur gouvernement et plus généralement de l'autorité publique et des normes sociales. La plupart de ces indicateurs témoignent d'un niveau bien plus élevé de confiance dans les pays scandinaves. Prenons par exemple deux indicateurs quantifiés par des enquêtes et renseignés par Eurostat[26]. L'un porte sur le niveau

25 Household composition statistics, 2020, https://ec.europa.eu/eurostat/statistics-explained/index.php?title=Household_composition_statistics.

26 Eurostat, Average rating of trust by domain, sex, age and educational attainment level, http://appsso.eurostat.ec.europa.eu/nui/show.do?dataset=ilc_pw03&lang=en.

de confiance entre personnes, l'autre sur le niveau de confiance dans la police, et ils varient entre 0 (aucune confiance) et 10 (confiance totale). Ces deux indicateurs sont fortement corrélés l'un avec l'autre, c'est-à-dire que quand l'un augmente, l'autre aussi. Si on prend la moyenne de ces indicateurs pour quelques pays représentatifs, on obtient le classement suivant : Danemark (8,1), Norvège (7,4), Suède (7,0), Pays-Bas (6,7), Allemagne (6,0), Belgique (5,9), Italie (5,7) et France (5,4). Si l'on met la Suède de côté en raison de sa stratégie différente de gestion de l'épidémie, les pays qui ont le mieux réussi à contrôler leur épidémie ont donc pu compter sur une plus grande confiance réciproque entre citoyens, d'une part, et entre citoyens et autorités publiques, d'autre part. On reviendra sur la question de l'adhésion, mais on peut déjà souligner que celle-ci ne s'improvise sans doute pas en temps d'épidémie, mais est plutôt le fruit d'une longue relation de confiance entretenue entre les gouvernements de ces pays et leurs citoyens, et que celle-ci aura été d'une aide déterminante face au défi collectif qu'il fallait affronter.

Il existe de très nombreux autres facteurs qui ont pu influencer notre bilan : densité de population, superficie d'habitat disponible par membre d'un foyer, niveau d'éducation, capacité à mettre en œuvre les mesures de prévention, niveau de pollution par les particules fines et variables climatiques pouvant influencer directement ou indirectement la transmission. Les facteurs d'influence sont multiples, et il faudra du temps et de nombreuses analyses rétrospectives pour quantifier l'effet de ces différents éléments sur les dynamiques épidémiques et, par extension, sur les décès. Mais en combinant quelques éléments simples comme la réaction précoce vis-à-vis du développement épidémique, les structures sociales plus favorables et la confiance accrue dans le gouvernement se traduisant par une meilleure adhésion générale à un ensemble de mesures, on peut déjà appréhender les différences très importantes rencontrées entre pays ayant appliqué des mesures similaires.

Et en toute franchise, en plein milieu de la première vague, lors de cette conversation avec SM le Roi, par manque de recul et d'analyses rétrospectives, il m'était impossible de lui présenter une vision comme celle-ci.

CHAPITRE 5

Les pièges du bon sens

Autant la vague épidémique aura été rapide, autant le déconfinement sera lent, comme l'eau d'une inondation qui prendrait une éternité à dessiner son retrait, découvrant peu à peu l'étendue d'un paysage désolé. Mais malgré les espoirs du printemps et le soulagement de voir les hospitalisations et les décès diminuer peu à peu, il n'y aura pas de véritable libération, pas de fête, pas de sentiment d'avoir enfin basculé dans cette « vie d'après » où chacun pourrait reprendre les choses là où il les avait laissées. Nous n'aurons droit qu'à une multitude de libérations conditionnelles successives, à chaque fois soumises au risque d'une nouvelle vague.

Il faut ingurgiter de nouvelles règles au goût amer, mesurer à chaque instant la distance physique qui nous sépare des autres, compter et choisir nos contacts, imaginer des manières de nous saluer en nous touchant le coude, être à chaque fois un peu gênés par cette nouvelle courtoisie à laquelle on refuse de s'habituer, se résigner à ne plus voir que les yeux de ceux que l'on croise. Les écoles rouvrent *a minima*, les enfants apprennent à jouer autrement dans la cour, à modifier leur comportement en classe, ils acceptent sans comprendre. Les terrasses se remplissent, les salles de cinéma et de spectacle peuvent accueillir des visiteurs soigneusement comptés qui suivent un parcours balisé, mais la cafétéria où l'on aimait prendre un verre avant le début de la séance est fermée. On se fait rappeler à l'ordre à l'entrée des supermarchés par des vigiles, parce qu'on a eu le malheur d'oublier de prendre un caddie ou de venir faire les courses en couple. Le télétravail reste la règle et des milliers d'employés ne voient toujours personne de leur journée et enchaînent emails, visioconférence, rédaction, travail bureautique ; bref, l'abstraction poussée jusqu'au vide de sens.

Et puis, au fur et à mesure que la menace s'éloigne, les questions surgissent. Pourquoi tout ça ? Est-ce encore vraiment nécessaire ? Combien de temps devrons-nous vivre ainsi ? Quelles sont les perspectives ? N'en faisons-nous pas un peu trop ? Il y a toutes ces incohérences dans les mesures imposées, voire ces absurdités : deux personnes peuvent venir voir une famille de cinq, mais une famille de cinq ne peut aller voir deux personnes. Pourquoi ? Parce que c'est la règle ! Et avec ces incompréhensions, la grande unité qui nous avait soudés commence à se fendre. Pouvions-nous faire autrement ?

À tout moment, avec la lassitude, le ras-le-bol et la fatigue, la tentation est grande de rendre l'Autre, le gouvernement, les experts, les journalistes, les jeunes, les étrangers, les voisins, les contestataires, les riches, les pauvres, les sans-papiers, les policiers, les vigiles, les médecins, responsables de la situation dans laquelle on se trouve. Ils sont « aveugles », « irresponsables », « sourds », « inconscients », « irrationnels ». Les médecins qui n'utiliseraient pas la bonne formule du Pr Raoult sont des idiots qui n'ont « rien compris », le gouvernement et les experts ont perdu tout « bon sens », les jeunes « s'en foutent », les riches se croient « au-dessus des lois », le gouvernement impose une « dictature » et veut « tracer » tout le monde, les experts sont « vendus au Big Pharma ». Et chacun trouvera bien quelque part, en cherchant bien, une situation particulière avérée qui lui permettra de généraliser sa conclusion à l'ensemble du groupe qu'il désigne.

C'est oublier un peu facilement que, dans cette crise, il n'y a pas un seul homme politique qui considère que ce soit une bonne chose de fermer les bars et les cafés, pas un seul jeune qui se réjouisse de savoir ses grands-parents en danger, pas un seul expert qui ne préférerait retourner à ses recherches, pas un journaliste qui prenne plaisir à entretenir la peur, pas un policier qui ait choisi cette carrière pour répéter à longueur de journée qu'on ne peut pas s'asseoir sur les bancs des parcs, pas un seul médecin qui hésiterait à utiliser un traitement dont l'efficacité est prouvée pour soigner ses patients. Mais il est infiniment plus simple de désigner des personnes, des groupes, des erreurs individuelles et parfois collectives que de reconnaître l'immensité et la complexité du défi qu'il nous faut affronter, ou d'accepter simplement que si tant de pays se retrouvent à prendre des mesures analogues, c'est qu'il n'existe pas de solution miracle.

On ne mesure sans doute pas assez à quel point le poids de l'expérience individuelle module nos choix, nos décisions et la manière dont on perçoit intuitivement les choses. Combien de personnes n'ont pas changé d'avis sur la réalité de l'épidémie après avoir fait l'expérience malheureuse d'un décès ou du passage en soins intensifs d'une personne proche ? Ce qui module le fameux « bon sens » est l'ensemble des expériences personnelles dont il est très difficile de se détacher. Dans son ouvrage remarquable *Thinking Fast and Slow*[27], Daniel Kahneman distingue la pensée rapide, efficace, peu consommatrice d'énergie et plus sensible aux émotions de la pensée lente, réfléchie, mais qui nous pousse à mobiliser une énergie bien plus considérable, ainsi que la manière dont cette pensée rapide, fortement influencée par nos expériences, a tendance à dominer nos comportements quotidiens, quitte à nous surprendre dans les pièges de l'intuition. Qu'il s'agisse d'une technicienne travaillant dans un laboratoire d'analyse qui affirme que l'épidémie est finie parce qu'il n'y a presque plus de positifs dans ses échantillons, d'un ministre en plein Codeco qui se veut rassurant parce qu'après un coup de fil au chef de service de l'hôpital de sa commune il conclut que dans son hôpital « Tout va bien ! », ou du recours de nombreux ministres et experts à leur propre vie de famille et vie sociale pour décréter qu'une règle est réaliste ou non pour l'ensemble de la population. Tous se fient à leur expérience personnelle, à leur « bon sens », et tous sont donc forcément légitimes, puisque nous sommes chacun les meilleurs experts de notre propre vie.

Tout au long de la crise, il y aura ainsi de nombreuses idées qui seront exprimées sur les réseaux sociaux, lors de micros-trottoirs, dans des cartes blanches, sur des blogs. Qu'il s'agisse d'encourager une autre stratégie de gestion, d'échapper à la pénibilité des mesures, de remettre en question des affirmations gouvernementales ou de critiquer le mauvais usage des chiffres dans les médias. Certaines idées seront très argumentées, étayées, d'autres beaucoup moins. J'ai choisi d'en présenter et d'en discuter quelques-unes, soit parce qu'elles ont été particulièrement diffusées, pertinentes et justifiées, soit parce

27 Traduit en français : Daniel Kahneman *Système 1/Système 2. Les deux vitesses de la pensée*, Flammarion, 2012.

qu'elles me permettent de donner une explication qui me semble utile à la bonne compréhension de cette crise.

5.1. Il suffit d'ajouter des lits

En mars 2020, on sait déjà que la grande majorité des personnes touchées par cette maladie font des formes bénignes. Les données en provenance de Chine indiquent en effet que seuls 15 % des cas recensés nécessitent une hospitalisation et 5 % une admission en soins intensifs. Ces chiffres seront revus à la baisse par la suite, mais ce sont ceux dont on dispose en mars 2020 au moment où la décision de lockdown doit être prise. Cela peut sembler peu, mais c'est oublier que la croissance exponentielle peut vite rendre le problème ingérable. Reprenons l'exemple de la croissance exponentielle des cas avec un *R0* de 3,4. Nous avions obtenu la séquence de 100, 340, 1 156, 3 930, 13 362, 45 430 cas si l'épidémie n'était pas ralentie par des mesures permettant de diminuer le *Re*. En prenant 5 % des chiffres calculés ci-dessus, on obtient la progression d'admissions en unité de soins intensifs (USI) suivante (en arrondissant à l'unité) : 5, 17, 58, 197, 668, 2 272. Ces chiffres sont les nouvelles admissions potentielles en USI tous les six jours et sous-estiment même les besoins au cours du temps, puisque les séjours en USI sont souvent longs et qu'il y a donc inévitablement un phénomène d'accumulation. On peut craindre qu'en l'absence d'une intervention rapide permettant de freiner l'épidémie, et sachant que nous avons été en mesure de libérer un maximum de 2 200 lits de soins intensifs au pic de l'épidémie, sur la base d'une centaine de nouveaux cas introduits de l'extérieur, la saturation hospitalière aurait pu être atteinte en moins d'un mois.

L'exemple quantifié ci-dessus permet de comprendre la raison pour laquelle toute tentative de répondre à une dynamique épidémique en augmentant uniquement le nombre de lits de soins intensifs est complètement vaine. Imaginons qu'un magicien parvienne par une incantation magique, « *blink* », à doubler la capacité hospitalière. Il faudrait qu'il soit un magicien très puissant, car, en quelques jours, il ne s'agirait pas de répondre uniquement aux besoins matériels en fournissant plus de lits, de respirateurs et de matériel d'anesthésie. Il faudrait aussi fournir en une seule fois le personnel qualifié pour s'occuper des patients dans les conditions si particulières des unités de soins intensifs. Mais soit ! Les magiciens sont forts. Si ce magicien était capable de cela, mais ne glissait pas à l'oreille de nos autorités qu'il serait bon de prendre des mesures pour ralentir l'épidémie, il permettrait tout au plus de gagner… trois jours ! Et on serait à nouveau face au problème de saturation des lits trois jours plus tard. Pourquoi ? Simplement parce qu'avec une croissance exponentielle qui présente un temps de doublement de trois jours, il y aura autant de nouveaux cas dans les trois prochains jours que dans toute la période qui a précédé.

Face à une croissance épidémique, il faut donc agir très rapidement pour la ralentir, d'autant que toute action prend un certain temps avant de montrer ses effets. C'est malheureusement une contrainte biologique incompressible. Entre l'exposition d'une personne à une autre personne contagieuse et l'apparition des premiers symptômes s'écoule une période d'à peu près cinq jours. Il faut ensuite, en moyenne, compter encore autour d'une semaine pour que la situation des personnes qui font des formes sévères se dégrade au point de nécessiter une hospitalisation. En mettant ces délais bout à bout, il y a donc une période qui varie entre dix et quinze jours pour qu'une mesure prise puisse avoir un effet visible sur le ralentissement des hospitalisations. Pour limiter la mortalité directe et indirecte de cette épidémie, et éviter de franchir la « ligne rouge » d'une situation de saturation hospitalière, nous n'avions donc pas vraiment le choix. Dès le moment où il était clair que la transmission était complètement incontrôlée sur notre territoire et dans un contexte où l'on ne pouvait compter sur aucune immunité collective pour diminuer le *Re*, il fallait, du jour au lendemain, de manière rapide et forte, diminuer drastiquement le nombre de contacts entre personnes, ce qui s'est traduit par le confinement rapide et généralisé.

Lorsque l'épidémie débute en Belgique, le système de dépistage est complètement balbutiant. Nous ne disposons pas d'une capacité à détecter et encore moins à isoler correctement les cas bénins, et nous ne pouvons donc pas nous fier aux chiffres de cas positifs pour quantifier la dynamique épidémique. Les données concernant les nouvelles hospitalisations forment alors le seul indicateur fiable pour suivre la progression de l'épidémie dans ces premières semaines. Les premiers chiffres concernant les hospitalisations accessibles dans les rapports de Sciensano datent du 13 mars[28], avec un total de 97 patients hospitalisés, dont 24 en soins intensifs. Une semaine plus tard, le 20 mars, ces chiffres sont passés à respectivement 1 089 et 238. Ils ont été multipliés par dix en une semaine, ce qui correspond à un temps de doublement de deux jours ! Ce temps de doublement si court surestime sans doute la vitesse réelle de l'épidémie, en raison d'un effet retard dans les hospitalisations qui se sont accumulées autour de ces dates, mais c'est néanmoins une augmentation extrêmement rapide. Sept jours plus tard, le

28 https://epistat.wiv-isp.be/covid/.

27 mars, le nombre de personnes hospitalisées passe à 3 717, soit un temps de doublement de 3,9 jours sur la semaine écoulée, cela ralentit déjà un peu. Durant les semaines qui suivent, l'épidémie continue heureusement à ralentir, bénéficiant des mesures du 12 et du 17 mars et elle culmine le 6 avril avec un total de 5 759 personnes hospitalisées. Le pic d'occupation de lits de soins intensifs et de décès est atteint le 8 avril avec 1 286 personnes occupant des lits de soins intensifs. Ce jour-là, 322 décès sont également enregistrés en une seule journée, la valeur la plus élevée de la première vague. Sachant la vitesse de croissance en début d'épidémie, il s'en est fallu de très peu. Si les mesures prises le 12 et le 17 mars avaient été retardées, ne fût-ce que d'une seule semaine, nous n'aurions sans doute pas évité un dépassement significatif des capacités hospitalières en USI.

Il aurait vraiment fallu un magicien pour augmenter la capacité des USI lors de la première vague étant donné le peu de temps dont nous disposions. L'idée d'augmenter la capacité des USI en prévision de la deuxième vague était nettement plus pertinente, puisqu'il y avait plusieurs mois pour se préparer. Mais le contre-argument était rigoureusement le même, en condition de croissance exponentielle des hospitalisations telle que nous l'avons connue de septembre à octobre 2020, un doublement de la capacité des USI aurait juste permis de retarder les mesures d'une semaine tout en s'accompagnant d'une mortalité additionnelle importante.

Il ne faudrait pas en conclure que rien n'aurait dû être fait en termes de moyens. Depuis des décennies, le secteur hospitalier souffre d'un sous-investissement dans les équipements et dans le personnel. Certaines dépenses de santé ont légèrement progressé, mais bien moins vite que les besoins ; et le personnel hospitalier, les infirmières, les stagiaires futurs médecins se retrouvaient déjà, bien avant la crise, à travailler à flux tendu, dans des conditions de travail et de stress extrêmement difficiles. La réflexion sur les moyens que l'on accorde aux travailleurs de ce secteur pour mener à bien leurs missions est essentielle. Mais outre les difficultés réelles liées à l'approvisionnement en nouveaux lits et au fait de trouver rapidement du personnel qualifié, ajouter des lits de soins intensifs, dans l'urgence, sans chercher à agir sur l'épidémie, n'aurait donc en rien été une solution permettant de régler le problème.

5.2. Que les personnes à risque se protègent

Même si les personnes jeunes ou sans comorbidités ne sont pas totalement à l'abri de faire une forme sévère ou de décéder des suites de complications, on a vu que ce risque est beaucoup plus faible en comparaison avec les personnes plus âgées qui sont plus directement menacées par une infection. Ce fait biologique a une conséquence très importante en termes de prévention. Il faut convaincre des personnes qui sont elles-mêmes peu concernées par le risque lié à la maladie de contribuer à un large effort collectif de prévention de la transmission, ce qui passe par la transformation profonde de toute notre vie sociale que seront le lockdown et les confinements successifs. Imaginons une situation dans laquelle le risque aurait été identique pour tous, enfants, adolescents, jeunes adultes, adultes et personnes âgées. Tout le monde aurait eu un intérêt personnel immédiat à mettre en œuvre des gestes barrières. Mais ce n'est pas le cas pour lutter contre le virus, c'est même l'inverse. Le bénéfice des mesures en termes de réduction des risques augmente considérablement avec l'âge. Mais l'effort de réduction de contacts n'est pas vécu par tous de la même manière.

Pour des adolescents ou de jeunes adultes, la vie sociale est en pleine construction, ce qui se traduit par des contacts nombreux. Les enquêtes réalisées auprès de la population démontrent que de manière générale, le nombre de contacts sociaux entre adultes a tendance à diminuer avec l'âge. À titre d'exemple, selon des données d'enquêtes réalisées en Belgique préalablement à la pandémie, les jeunes de 18-29 ans ont une moyenne de 6,7 contacts par jour avec d'autres jeunes du même âge. Les 40-49 ans ont une moyenne de 5,56 contacts par jour, c'est un peu plus faible, mais cela reste comparable. En revanche, ces contacts quotidiens diminuent beaucoup plus fortement pour les 60-69 et les plus de 70 ans qui n'ont plus qu'une moyenne de respectivement 1,96 et 1,86 contact par jour avec leur classe d'âge. Il y a donc, en temps normal, plus de trois fois plus de contacts entre jeunes de 18-29 ans qu'entre des personnes de plus de 60 ans, qui sont les plus concernées par le risque de décès. Par conséquent, les mesures de limitation des contacts sociaux qui sont imposées lors du premier lockdown et des confinements successifs de manière uniforme à l'ensemble de la population représentent un effort trois fois plus important pour les personnes plus jeunes. Et cet effort doit en plus surmonter le sentiment que le bénéfice sanitaire ne les concerne pas directement. Il y a donc dès le début de la crise une tension fondamentale entre ceux qui bénéficient directement des mesures pour leur sécurité et ceux qui ont le sentiment d'en subir un impact plus fort sans en bénéficier directement. Cette tension ne sera jamais réellement reconnue ou exprimée, ni dans la communication faite autour des mesures ni dans leur implémentation, et ce manque de prise en compte pèsera lourd dans le décrochage de l'adhésion que l'on constatera à de nombreuses étapes de la crise en particulier dans les populations jeunes.

Cet écart de perception entre ceux qui subissent les mesures et ceux qui en bénéficient est à l'origine de l'injonction « Que les personnes à risque se protègent » qui sera portée par de nombreux interlocuteurs. Au-delà du côté choquant de cette proposition qui flirte avec une certaine forme de darwinisme social où il serait demandé à chacun de lutter pour sa propre survie, l'idée de se passer de mesures collectives et de se concentrer exclusivement sur la protection des personnes à risque témoigne surtout d'une méconnaissance de la réalité épidémiologique et du fonctionnement social.

Nous ne sommes pas tous égaux face à cette maladie et, même si certaines catégories « à risque » peuvent être identifiées, des personnes sans aucun de ces facteurs de risque se retrouvent à faire des formes sévères ou à décéder. Ce sont des personnes « à risque » qui s'ignorent, qui ne sont pas identifiables, dont la vulnérabilité à la maladie reste encore aujourd'hui mal comprise et qui auraient été les premières victimes d'une stratégie où la responsabilité de la protection aurait été renvoyée aux individus.

En outre, il est parfaitement connu et établi en santé publique que la capacité à « se protéger », c'est-à-dire à adopter un ensemble de comportements de prévention adaptés pour réduire le risque de se faire infecter, est très variable d'une personne à l'autre, selon une série de facteurs dans lesquels interviennent le degré d'autonomie, le niveau d'éducation et de revenu. De très nombreuses personnes à risque pour des raisons d'âge ou de comorbidité ne sont pas en mesure de se protéger. Qu'il s'agisse de personnes isolées, peu ou mal informées, n'étant tout simplement pas convaincues que le risque est réel, ou dans l'incapacité matérielle de mettre en œuvre les recommandations, il y a d'innombrables situations dans lesquelles considérer que les personnes à risque puissent « se protéger » elles-mêmes d'une maladie qu'on laisse circuler dans la population générale est simpliste. À cela s'ajoutent les risques accrus de tensions sociales et des conflits dans l'espace public entre ceux qui seraient censés se protéger et ceux qui ne le feraient pas. Des années de prévention visant à lutter contre la propagation du VIH ont démontré qu'il ne suffit pas de communiquer largement sur l'efficacité du préservatif et attendre que les « personnes à risque se protègent » pour que le problème soit réglé. Il faut cibler la communication, comprendre les motivations des acteurs, surmonter les difficultés d'accès, les barrières sociales, psychologiques, culturelles, pour parvenir à modifier durablement les comportements. C'est un travail de fond qui prend des années, pas une injonction que l'on peut improviser en temps d'épidémie.

Pour en revenir au Covid, imaginons même un instant que les personnes « à risque », pleinement conscientes du risque et de la nécessité de se protéger des autres, se décident à le faire. Quelles auraient été leurs options ? S'enfermer chez elles en recevant des colis alimentaires et pharmaceutiques déposés à distance respectueuse ? Et à qui faire appel pour toute aide, pour tout soin de santé ou d'hygiène qui implique un contact proche ? Lors de la première vague épidémique, alors même que la vulnérabilité des personnes âgées était bien connue, il a été impossible d'éviter des clusters dans les maisons de repos, en raison d'un manque de préparation, de procédures, de matériel de protection et de testing pour le personnel. Alors, comment imaginer que les personnes « à risque » qui auraient décidé de rester chez elles pour ne pas s'exposer aient été en mesure de se protéger efficacement lors de la visite de personnes ou d'aidants infectés mais ne présentant pas de symptômes ?

Enfin, le tissu social n'est pas formé de catégories d'âge qui peuvent être séparées les unes des autres. Si effectivement il peut sembler raisonnable de conseiller à des grands-parents d'éviter les contacts avec leurs petits-enfants qui ne présentent pas de symptômes apparents, une prévention qui ne tiendrait pas compte des multiples possibilités de contacts indirects est également assez vaine. Les enfants et les jeunes sont en contact avec leurs parents, qui, même s'ils ne visitent pas leurs propres parents, sont peut-être en contact avec un collègue dont la femme est en contact avec un livreur, un réparateur de lave-vaisselle, un coiffeur ou un soignant à domicile. On le verra au fil de l'épidémie, des niveaux de transmission élevés dans des populations jeunes finiront par aboutir à un niveau de transmission plus important dans les populations plus âgées. Notre société ne peut pas être compartimentée entre les personnes « à risque » et celles qui ne le sont pas, et il n'est pas plus facile d'isoler les personnes « à risque » chez elles, qu'il ne l'a été de protéger les pensionnaires des maisons de repos.

Aucun pays au monde n'a réussi à mettre en œuvre avec succès une stratégie de prévention contre le Covid qui repose sur la protection des personnes dites « à risque » sans en passer par des mesures collectives restrictives. L'effort de solidarité était indispensable, autant de la part des personnes moins exposées que de celles « à risque », qui devaient en retour comprendre les difficultés de ceux moins directement concernés par le virus.

5.3. Oui, mais en Suède

Le lockdown décidé en urgence par les autorités belges a très rapidement un impact social et économique considérable, auquel s'ajoute la détresse psychologique de l'isolement des personnes les plus vulnérables. De nombreuses voix s'élèvent alors pour contester l'importance des mesures vis-à-vis de la menace, s'appuyant notamment sur la gestion de l'épidémie par les autres gouvernements. Mais pour les raisons déjà évoquées, la plupart des pays européens adoptent presque simultanément une stratégie relativement proche avec des modalités différentes. Cependant, les Pays-Bas, le Royaume-Uni et la Suède sont tentés par une option différente. Celle-ci combinerait des mesures collectives de limitation de contacts relativement légères avec une protection accrue des personnes identifiées comme étant à risque. « Les personnes à risque se protègent » donc.

Cette stratégie reste effectivement attrayante sur le papier. En laissant le virus se transmettre dans les populations à faible risque de faire des formes sévères pouvant amener à des décès, et en protégeant pendant cette période les personnes à risque, on permettrait à une fraction importante de la population de développer une immunité protectrice. Une fois la première vague épidémique passée, on pourrait alors se baser sur cette immunité naturellement acquise dans une partie significative de la population pour pouvoir contrôler la transmission par des mesures collectives plus légères. En outre, cette stratégie anticiperait une crise de longue durée en permettant de limiter considérablement l'impact social, économique et psychologique d'un confinement qui devrait se maintenir plusieurs mois ou années.

Mais cette approche se heurte aux difficultés que l'on vient d'évoquer : l'identification et la protection réelle des personnes dites « à risque ». Très vite, les autorités du Royaume-Uni et des Pays-Bas font marche arrière, prenant conscience de la prise de risque sur laquelle repose cette stratégie et des difficultés concrètes qui se présentent pour son implémentation. La Suède fait figure d'exception et poursuit sur sa lancée, fortement influencée par la personnalité de l'épidémiologiste Anders Tegnell qui clame haut et fort que la Suède entend se distinguer des autres pays.

Au fil des semaines, la Suède devient l'exemple cité par tous ceux qui contestent les mesures de confinement. Là-bas, en Suède, ils auraient « compris » ce qu'il fallait faire, nous devrions nous en inspirer. Pourtant, l'épidémie s'y propage et les drames et les décès s'y s'accumulent, comme dans tant d'autres pays. Quelques semaines plus tard, un premier bilan : selon les estimations du *Financial Times*, vers la fin du mois d'avril, il y a en Belgique un excès de 5 200 décès par rapport à la période de janvier à fin avril des années précédentes, ce qui représente un excès de mortalité de + 60 %. La Suède a un excès de 1 300 décès, soit + 18 %, mais ceux-ci se concentrent surtout dans la ville de Stockholm, qui comptabilise à elle seule 900 décès représentant un excès de mortalité de + 75 % par rapport aux années précédentes. Au Danemark, en comparaison, pays qui a adopté un confinement très précoce et nettement plus strict qu'en Suède, mais qui présente des conditions démographiques et culturelles proches, il n'y a qu'une centaine de décès, ce qui correspond à un excès de mortalité de 5 % par rapport aux années précédentes. Selon que l'on compare ce premier bilan suédois à la Belgique ou au Danemark, on tire une conclusion différente. Il faudra donc plus que ces quelques semaines pour tirer réellement les enseignements de l'expérience suédoise. Alors, coup de génie ou expérience qui a mal tourné ?

Au terme de la totalité de la première vague, soit au 1er juillet 2020, le bilan des décès est incontestablement meilleur en Suède qu'en Belgique, avec 5 783 décès, contre 9 939 décès Covid recensés chez nous pour une population légèrement supérieure (11,5 millions pour la Belgique, 10,2 millions pour la Suède). Si l'on rapporte le nombre de décès à la population, cela correspond à 531 décès par million d'habitants en Suède et 841 décès par million en Belgique. À première vue, la stratégie suédoise semble donc meilleure. Mais les choses sont nettement moins évidentes quand on y regarde de plus près.

Tout d'abord, il est faux de penser que la Suède n'a rien fait. Si le pays n'a pas adopté un lockdown aussi sévère que celui qui sera imposé en Belgique, de nombreuses mesures ont été prises, même si elles sont moins bien connues. Le 12 mars 2020, la Suède interdit les rassemblements de plus de 500 personnes. Le 14 mars, les déplacements non essentiels sont déconseillés et le télétravail est encouragé. Le 17 mars, c'est la fermeture des écoles secondaires et des universités. Le 25 mars, un ensemble de mesures sanitaires sont recommandées dans les cafés et les restaurants, et le 29 mars, les rassemblements de plus de 50 personnes sont interdits, mesure qui restera d'application pendant de nombreux mois. Le gouvernement recommande également aux personnes de plus de 70 ans d'éviter les contacts sociaux et interdit les visites des maisons de repos. Au 20 mars, l'indice de sévérité qui intègre les différentes mesures est certes de 81/100 pour la Belgique et de 38/100 pour la Suède, mais deux semaines plus tard, les mesures supplémentaires prises en Suède le font monter à 65. Il y aura donc bien eu en Suède un ensemble de mesures prises durant la première vague et qui resteront d'application pendant de nombreux mois. Durant l'été 2020, l'indice de sévérité des mesures de la Belgique deviendra d'ailleurs inférieur à celui de la Suède et le restera durant la totalité de la deuxième vague de l'hiver 2020-2021. Les mesures belges n'auront finalement été plus « dures » que celles de la Suède que le temps de la première vague.

Ensuite, vue de Scandinavie, l'expérience suédoise a été un véritable désastre. Car au Danemark, en Finlande et en Norvège, trois pays bien plus proches de la Suède que la Belgique du point de vue démographique, social, culturel et climatique, le bilan est beaucoup, beaucoup plus léger. Le nombre de décès cumulés lors de la première vague est de 104 par million au Danemark, 59 par million en Finlande et 46 décès par million en Norvège, dix fois moins qu'en Suède. Qu'ont donc fait ces autres pays scandinaves pour avoir d'aussi bons bilans ? Pas de solution miracle, pas de stratégie d'immunité collective, ces pays ont simplement pris très tôt des mesures de confinement analogues à celles qui ont été prises en Belgique. Fermeture d'écoles, de lieux publics, de commerces, de bars, de restaurants, interdictions de rassemblements. Ces pays ont tous présenté un indice de sévérité supérieur à celui de la Suède, avec pour la Norvège qui présente le meilleur bilan une valeur de 79, très proche du maximum de 81 de la Belgique au pic du premier lockdown.

Les différences de bilan entre la Belgique et la Suède ont bien plus à voir avec les différences démographiques, sociales et culturelles qu'avec le choix des mesures, comme on l'a déjà évoqué. Lorsque l'on compare différents pays, il y a lieu de prendre en compte l'ensemble des facteurs permettant d'expliquer des différences de transmission ou d'impact. Mais lorsque les mesures sont difficiles à supporter, il est tentant d'aller chercher un pays n'appliquant pas telle ou telle disposition pour en faire un argument en faveur d'un relâchement, sans prendre en compte l'ensemble des mesures et facteurs propres à ce pays qui agissent simultanément.

Quant à la stratégie de l'immunité collective de la Suède, elle fut un échec retentissant. Au terme de la première vague, le pays s'est retrouvé avec un bilan de décès beaucoup plus sévère que ses voisins immédiats, et le bénéfice escompté d'une plus grande immunité « protectrice » dans la population acquise à ce lourd prix ne fut en réalité d'aucune aide lors de la deuxième vague de l'hiver 2020-2021. Le bilan des décès de la deuxième vague fut également bien plus élevé en Suède que dans ses pays voisins. Même l'argument économique ne résiste pas à l'examen. Selon les données d'Eurostat, la perte de PIB en 2020 a été légèrement plus importante en Suède que dans les trois autres pays scandinaves.

Il y a peut-être beaucoup de choses à apprendre des pays scandinaves en matière de gestion de cette pandémie, mais ce serait plutôt du côté de la relation de confiance réciproque qui lie les gouvernements à leur population qu'il y aurait lieu de regarder, plutôt que du côté du pari suédois.

5.4. Le risque zéro n'existe pas

À de nombreuses reprises, des voix s'exprimeront dans le débat public pour dire que les mesures ne sont pas proportionnées, que l'on en fait trop, qu'il y a lieu d'accepter la fatalité, que l'on ne peut mettre une société entière en quarantaine et que les effets des mesures sont peut-être bien pires que ce qu'elles sont censées empêcher. Et effectivement, lorsque la transmission sera ramenée à un niveau plus bas, qu'il n'y aura plus à déplorer que 3, 4 ou 5 décès par jour, le maintien des mesures de prévention pourra sembler complètement disproportionné. On peut d'ailleurs rappeler que les politiques de prévention n'ont jamais cherché à atteindre un « risque zéro ». En sécurité routière, on impose un certain nombre de restrictions à la liberté de se déplacer à n'importe quelle vitesse pour atteindre une réduction des risques collectifs, et c'est parfaitement accepté par tous. Les restrictions à la liberté individuelle, y compris lorsqu'il s'agit de protéger les personnes elles-mêmes, sont courantes. L'obligation du port de la ceinture ne protège que celui qui la porte, pas les autres, nous acceptons cependant de nous y soumettre. Il y a donc un ensemble de restrictions, d'obligations, de règles qui régissent la vie sociale et qui sont prises dans le but de réduire différents types de risques individuels et collectifs. Et il peut sembler parfaitement légitime d'ouvrir la discussion sur l'acceptation d'un risque sanitaire plus élevé pour récupérer une plus grande liberté collective et diminuer le poids des mesures sur la santé mentale.

Mais c'est oublier que le risque épidémique est d'une autre nature. Pour le comprendre, replaçons-nous à la fin du mois de juin 2020. Il y a, à ce moment-là, autour de 5 décès par jour qui sont maintenus à ce niveau-là grâce à un ensemble de mesures en place. Mais ces mesures qui permettent de maintenir le *Re* à 1 sont jugées trop fortes, trop pesantes sur la société en termes économiques et psychologiques. Imaginons qu'à ce moment-là, un décideur inspiré considère qu'on « en fait trop », qu'on ne peut accepter le « risque zéro » et qu'il y aurait lieu de relâcher les mesures pour permettre la reprise de toute une série d'activités sociales, et que l'on considère, à titre d'exemple, comme étant « acceptable » d'avoir 30 décès par jour.

On pourrait relâcher les mesures de manière à avoir temporairement un *Re* de 1,5, comme on remet le gaz sous une casserole de lait pour augmenter la température. On partirait donc d'un niveau de 5 décès par jour, puis six jours plus tard on serait à 7,5, puis 11,3, 16,9, 25,3 et... Stop ! Un mois donc après cette prise de décision, on chercherait à stabiliser l'épidémie à ce niveau-là. Il faudrait alors rétablir une série de mesures pour diminuer le *Re* à 1 et éviter que la croissance se poursuive et que l'on dépasse ces 30 morts par jour. Mais à ce moment-là, notre décideur inspiré prendrait conscience que les mesures qui sont nécessaires pour maintenir les décès à 30 par jour sont rigoureusement identiques et aussi contraignantes que celles qu'il fallait un mois plus tôt pour les maintenir à 5 par jour. Il va lui falloir faire le tour des plateaux TV pour expliquer pourquoi il a fallu malheureusement revenir à des mesures rigoureusement identiques à celles que l'on avait un mois plus tôt. Bref, on aurait gagné un mois d'assouplissement des mesures, mais la société serait revenue à la case départ, en ayant accumulé au passage des dizaines d'hospitalisations et de décès supplémentaires par rapport à ce qu'on aurait eu si l'on avait maintenu un niveau constant de 5 décès par jour.

Il n'y a donc pas grand-chose à gagner en termes d'assouplissement à maintenir la transmission à l'équilibre à un niveau haut. On pourrait même dire le contraire. Lorsque la transmission est à un niveau bas, le nombre de cas qui doivent être gérés par le système de testing et de suivi des contacts est fortement réduit et ce travail peut donc se faire de manière plus efficace, ce qui contribue encore à réduire le *Re*. À l'inverse, si on laissait la transmission remonter jusqu'à un niveau élevé avec plusieurs milliers de cas recensés par jour, ce serait tout le système de testing et de suivi des contacts qui pourrait se trouver dépassé, être moins efficace et contribuer à augmenter encore le *Re*.

Ce phénomène spécifique aux épidémies permet d'expliquer la raison pour laquelle en l'absence de vaccin, la stratégie « zéro Covid » qui a été suivie par de nombreux pays d'Asie et d'Océanie est une option intéressante. En agissant de manière très forte, en apparence disproportionnée, à la moindre résurgence épidémique, on ne permet jamais à l'épidémie d'atteindre des niveaux auxquels elle devient plus difficile à contrôler. En Australie par exemple, après un confinement très sévère qui a duré plusieurs mois et qui a permis au pays de descendre à un niveau de transmission extrêmement bas, certaines villes ont été entièrement reconfinées parce que quelques cas y avaient été observés. Une stratégie de ce type serait très difficile à mettre en place pour un pays comme la Belgique si elle n'était pas suivie par ses pays voisins ou au niveau européen. Nous sommes un pays à l'économie ouverte, au carrefour géographique de différents pays très importants, et dans lequel le maintien d'une stratégie distincte impliquerait des fermetures de frontières très peu viables économiquement.

Pour en revenir à ce fameux risque zéro, toute la difficulté est que du point de vue de la communication politique, il est beaucoup plus difficile de justifier des mesures lourdes en termes d'impact économique, social et psychologique lorsqu'il y a 5 morts par jour que lorsqu'il y en a 30 ou 100. C'est exactement la difficulté que rencontreront nos autorités politiques et celles de plusieurs autres pays européens durant l'été 2020. Les mesures et les conditions estivales qui sont moins favorables à la transmission permettaient de maintenir la transmission à un niveau relativement bas. Par conséquent, la population n'entendant plus parler de cas, d'hospitalisations ou de décès a eu l'impression que les mesures étaient devenues inutiles ou disproportionnées. C'est ce que certains appellent le « paradoxe de la prévention » : lorsqu'elle est efficace, elle a l'air inutile. Ce raisonnement pouvant justifier n'importe quelles mesures, y compris les plus folles, la proportionnalité dans la prévention doit donc toujours s'accompagner d'une évaluation sincère et permanente de la persistance de la menace.

Mais combien de fois n'avons-nous pas entendu en août ou en septembre la phrase « Le virus circule, mais il ne tue plus » ? Cette phrase n'était pas fausse en soi, le virus tuait effectivement beaucoup moins. Ce qui est plus problématique, c'est lorsqu'elle était utilisée pour justifier un allègement des mesures de prévention sanitaire. Comme si le virus avait soudainement perdu de son pouvoir de contagion ou de sa dangerosité. Or, le virus était toujours bien là, il n'avait rien perdu de sa dangerosité et strictement rien n'indiquait la présence dans des proportions suffisantes d'une immunité permettant de protéger une part significative de la population. Donc, biologiquement, il n'y avait pas la moindre raison de penser qu'un relâchement des mesures n'aboutirait pas inexorablement à ce que le virus tue à nouveau.

Une autre manière de décrire cette situation est de reprendre l'analogie du feu de forêt. Lorsque le feu est maîtrisé, les pompiers restent sur place pour continuer à arroser le terrain, car il pourrait rester un feu qui « couve » sous la surface. Il n'y a plus de feu visible, leurs efforts et leur présence pourraient sembler « disproportionnés », mais tant qu'il y a des indices qui montrent que le feu pourrait encore « couver », leur présence est parfaitement utile et justifiée pour éviter une reprise de l'incendie. Durant l'été, la surveillance de la transmission montrait bien que le virus circulait toujours, le feu « couvait bien », et il y avait près de 90 % de la population qui n'avait pas d'anticorps susceptibles d'offrir une certaine protection. Il y avait donc encore beaucoup d'arbres exposés à la reprise de feu, susceptible de se produire dès que l'on arrêterait d'arroser suffisamment.

Ceci étant dit, le relâchement des mesures ou de leur application qui se produira à l'automne n'expliquera pas à lui seul la deuxième vague. De nombreux experts, dont je suis, avaient sous-estimé le facteur saisonnier et la difficulté à contrôler l'épidémie dans des conditions hivernales. Lorsque je serai interrogé vers la fin de l'été, j'évoquerai certes un « gros orage » qu'il nous faudrait traverser, en raison d'une baisse de l'adhésion, de la rentrée scolaire, de la reprise des activités économiques et des conditions hivernales plus favorables à la transmission, mais j'estimerai que l'existence du dispositif de testing et de suivi des contacts, combinée à la disponibilité de masques pour l'ensemble de la population, devrait nous permettre d'éviter une seconde vague aussi meurtrière que la première.

5.5. Ce n'est qu'une épidémie de tests

Durant l'été 2020, après plusieurs semaines de diminution des cas, des hospitalisations et des décès, on observe une remontée du nombre de cas positifs détectés. En effet, vers le début du mois d'août, l'examen de la courbe des cas suggère le début d'une véritable seconde vague, puisqu'on atteint 600 à 700 cas détectés par jour, soit près du tiers du niveau atteint lors de la première vague, alors qu'il n'y avait plus qu'une centaine de cas par jour durant le mois de juin. Mais dans le même temps, si l'on regarde la croissance des nouvelles hospitalisations, on observe des chiffres de 20, 30 nouvelles hospitalisations par jour, loin, très loin du pic de 642 hospitalisations observé au plus haut de la première vague. Selon que l'on regarde les cas ou les hospitalisations, on est au tiers ou au trentième du niveau de la première vague. En France également, on observe une augmentation rapide des cas simultanément à une augmentation bien plus modeste des hospitalisations. Dans les médias, dans la communication institutionnelle, la remontée des cas est utilisée pour alimenter un discours de vigilance face à la remontée de l'épidémie. Mais de nombreux interlocuteurs en France et en Belgique considèrent qu'il ne s'agit que d'une « épidémie de tests » et qu'il n'y a absolument pas lieu de s'inquiéter, les chiffres étant faussés par la nouvelle stratégie de dépistage, alors que les autorités publiques lancent des appels à la vigilance et au renforcement des mesures de prévention. Alors, qui a raison ?

Les deux, et pour des raisons différentes.

Pour résoudre cette contradiction apparente, il faut d'abord comprendre la différence qu'il y a entre ce que j'appellerai les « observables » et l'épidémie réelle. L'épidémie réelle, c'est celle qui se déroule effectivement et que l'on cherche à mesurer. Les observables, ce sont nos instruments de mesure de l'épidémie, ce sont les différents indicateurs basés sur des observations de terrain dont on va se servir pour évaluer la dynamique de l'épidémie. Or, il faut se rendre compte que nos instruments de mesure ont changé.

Pendant une période donnée, vous avez un certain nombre de personnes qui vont se faire infecter. Parmi ces personnes infectées, certaines auront des symptômes ; parmi les personnes qui développeront des symptômes, certaines vont faire des formes sévères ; et parmi celles qui font des formes sévères, malheureusement, certaines vont décéder. À l'issue des différentes vagues épidémiques, on considère qu'au moins 80 % des infections seront bénignes ou asymptomatiques contre 20 % d'infections plus sévères, dont seules 2 ou 3 % vont justifier une hospitalisation pour insuffisance respiratoire, avec un taux de décès légèrement inférieur à 1 % sur l'ensemble des personnes infectées. Bien sûr, ce sont des estimations très grossières puisque, comme on l'a déjà mentionné, la proportion de personnes faisant des formes sévères dans une population infectée va dépendre de l'âge et des comorbidités qui varient d'un pays à l'autre, mais ces chiffres permettent de se fixer des ordres de grandeur. Parmi les personnes faisant des formes bénignes, il subsiste par ailleurs une assez grande incertitude sur la part des formes asymptomatiques, mais tout le monde s'accorde pour admettre aujourd'hui que cette part doit être relativement importante. Considérons donc pour l'exemple quantitatif qui va suivre que sur 1 000 personnes infectées, 400 seront asymptomatiques, 570 auront des symptômes, 30 seront hospitalisées parmi lesquelles 10 décéderont.

Lors de la première vague, en raison des limites dans les capacités de testing, on ne testait que les personnes faisant des formes sévères justifiant une hospitalisation. Par conséquent, en avril, lorsque l'on « observait » 30 cas positifs, il y avait pratiquement un millier de cas qui n'étaient tout simplement pas détectés. Un peu plus tard, début mai, après avoir augmenté la capacité de testing, on s'est mis à tester toute personne présentant des symptômes compatibles avec le Covid. Puis, début juin, avec le déploiement du système de testing et tracing, on s'est également mis à tester les contacts à risque, c'est-à-dire des personnes ne présentant pas de symptômes. Et quantitativement, cela change tout. Imaginons qu'on ait eu une épidémie parfaitement stable du début à la fin, avec 1 000 personnes infectées par semaine. En avril, on aurait pu identifier autour de 30 cas positifs qui correspondent aux personnes étant hospitalisées. En mai, comme toutes les personnes avec des symptômes ne se seraient sans doute pas présentées chez le médecin malgré le nouveau dispositif de testing, on aurait peut-être détecté 50 % des symptomatiques, soit 285 positifs sur 570, plus les 30 hospitalisées, donc 315 positifs. En juin, on serait aussi parvenu à identifier un certain nombre des personnes asymptomatiques, peut-être 20 % des 400, et on aurait donc eu 400 x 0,2 + 570 x 0,5 + 30 = 395 positifs. Lors des grandes vacances, s'ajouteront encore toutes les personnes asymptomatiques revenant de voyage et testées dans ce contexte. En résumé, pour une épidémie qui serait restée à un niveau rigoureusement constant, on aurait « observé » 30 cas positifs en avril, 315 en mai, 395 en juin et peut-être 450 en août. Lorsque la définition des conditions dans lesquelles on peut se faire tester change, 1 000 positifs ne représentent plus du tout la même chose.

Deux autres facteurs peuvent également jouer. Le premier, c'est l'intensité du testing. Si l'on cherche plus activement dans un groupe ou une communauté, et qu'on se met à tester avec une plus grande intensité, les 20 % de personnes asymptomatiques qui sont identifiées peuvent passer temporairement ou localement à 30 %, voire 40 % ou 50 %. Il va donc y avoir un lien entre l'intensité du testing et le nombre de cas positifs. Reprenons l'exemple ci-dessus, avec une transmission toujours parfaitement constante de 1 000 cas par semaine. Imaginons qu'il y ait un certain nombre de clusters qui aboutissent à une augmentation du testing qui passe d'un taux d'identification de 20 % des asymptomatiques en semaine 1, à 30 % en semaine 2 et à 40 % en semaine 3. On aboutirait à un nombre absolu de cas qui passerait de 395 à 435, puis à 475. On aurait l'impression que l'épidémie progresse, mais cette augmentation serait en réalité uniquement due à une augmentation du testing.

Il y a aussi un autre facteur, plus technique, mais dont on a beaucoup parlé sur les réseaux sociaux, c'est le nombre de cycles d'amplification de la PCR[29] permettant d'aboutir à un test positif. Plus la charge virale est élevée, moins il faut de cycles d'amplification de l'ARN pour atteindre un seuil de détectabilité. Or, ce nombre de cycles n'est pas constant et si l'on augmente le seuil, on peut parvenir à augmenter la proportion de personnes asymptomatiques que l'on va considérer comme « positives ». On voit donc bien qu'en raison de fluctuations dans les stratégies de testing et de l'augmentation des capacités de tests, et donc de détection des personnes asymptomatiques, le nombre de cas « positifs » est en réalité un très mauvais indicateur pour suivre la dynamique de l'épidémie. Ceux qui affirmaient qu'il y avait une « épidémie de tests » début août qui était en partie due aux changements dans les conditions de testing, et qui aboutissait à des chiffres élevés mais qui n'avait rien de comparable avec la première vague, avaient donc bien raison.

Pour vraiment avoir un dispositif fiable de suivi de l'évolution de l'épidémie sur la base de tests PCR, il aurait idéalement fallu sélectionner un panel de quelques milliers de personnes choisies au hasard dans la population, représentatives des classes d'âge de la population belge, qui auraient été testées chaque semaine avec des seuils d'amplification de PCR constants. Mais ce dispositif assez lourd à mettre en œuvre aurait amené à des milliers de tests inutiles, puisqu'il aurait testé chaque semaine des milliers de personnes n'ayant pas la moindre raison d'être infectées. En outre, il aurait été d'une valeur ajoutée limitée, puisqu'il y avait d'autres moyens de suivre la transmission de

29 La polymerase chain reaction (PCR) est une réaction enzymatique qui permet d'identifier une séquence spécifique d'ADN, ou d'ARN après une réaction première réaction enzymatique le transformant en ADN. Dans le cas du SRAS-CoV-2, cette réaction se fait par des cycles permettant à chaque fois de doubler la quantité d'ARN détectable, et donc plus le nombre de cycles est important, plus la chance de détection est élevée.

manière beaucoup plus fiable, en se basant sur le nombre de personnes nouvellement hospitalisées.

Reprenons notre exemple. Pour une épidémie parfaitement stable de 1 000 personnes infectées par semaine, on sait qu'il y a 30 personnes qui vont nécessiter une hospitalisation. Ce nombre-là n'est pas du tout influencé par les stratégies de testing. En effet, une personne qui est en insuffisance respiratoire à la suite d'une infection Covid a besoin d'une assistance sous surveillance médicale qui doit se faire en milieu hospitalier. Le nombre de personnes nouvellement hospitalisées par jour est donc un indicateur relativement fiable de la dynamique épidémique. Et là où l'on peut effectivement s'interroger sur le sens qu'il y a à intégrer dans les statistiques de cas une personne en parfaite santé ayant un test PCR positif, personne ne peut contester que des personnes en insuffisance respiratoire et positives au test PCR constituent des « cas » dont l'augmentation serait très préoccupante. Pourquoi ne pas se baser uniquement sur les nouvelles hospitalisations alors ? Simplement pour gagner du temps. On l'a déjà évoqué, il faut en moyenne près d'une semaine pour que des personnes nouvellement infectées nécessitent une hospitalisation. Suivre l'évolution de la dynamique des cas permet donc de gagner du temps en détectant plus précocement une reprise de l'épidémie, pour autant que cette augmentation ne soit pas un artefact de l'augmentation de l'intensité du testing.

En réalité, les épidémiologistes qui analysent la situation vont en permanence surveiller différents indicateurs qui ont chacun des avantages et des inconvénients, et une utilité qui leur est propre. Un troisième indicateur qui est d'ailleurs très utile, puisqu'il permet de compenser en partie l'effet de l'augmentation du testing, est le taux de positivité, c'est-à-dire la proportion de tests positifs parmi l'ensemble des tests. Nombre de personnes positives, taux de positivité, nouvelles hospitalisations, nouveaux décès, tous ces indicateurs sont nos « observables ». Aucun n'est le reflet parfait de l'épidémie, aucun « n'est » l'épidémie. Ce sont des mesures complémentaires qui permettent chacune d'éclairer l'épidémie d'un angle différent pour en obtenir une vision la plus complète possible.

Si l'on revient au début juillet 2020, c'est le moment où le nombre de nouvelles hospitalisations est au plus bas, avec environ 10 nouvelles hospitalisations par jour le 11 juillet. Deux semaines plus tard, le 25 juillet, le nombre moyen de nouvelles hospitalisations par jour est monté à 20 par jour, et deux semaines plus tard, vers le 9 août, on est autour de 30 nouvelles hospitalisations par jour. Il y a donc bien eu une augmentation du nombre de cas, mais aussi, avec un certain temps de décalage, du nombre des hospitalisations pendant la deuxième partie du mois de juillet. Or, comme on l'a vu précédemment, le problème d'une épidémie, ce n'est pas le niveau absolu, c'est la croissance. De petits foyers peuvent rapidement devenir de grands feux s'ils ne sont pas éteints. Il y avait donc toutes les raisons de se préoccuper de cette croissance estivale des hospitalisations, tout comme il était exact d'affirmer que le suivi des « cas positifs » surestimait l'importance de cette augmentation, surtout vis-à-vis de la première vague. Les deux positions étaient parfaitement justifiées.

5.6. La bulle, ça ne marche pas

Vers la fin du mois d'août, à la veille de la rentrée, il y a une grande lassitude face aux mesures qui n'ont pu être relâchées pendant l'été. La fatigue se traduit par une perte de motivation et un décrochage de certains vis-à-vis de règles comme la limitation des contacts dans l'espace privé, cette fameuse « bulle » qui devient l'objet de tous les débats. La phrase « La bulle, ça ne marche pas » ou sa variante « Plus personne ne respecte la bulle » sont sur toutes les lèvres. La mesure est considérée comme étant trop stricte, certains experts la jugent inefficace et chacun y va de son petit commentaire pour la critiquer. On retrouvera d'ailleurs la même critique des mesures de limitation des contacts pendant l'hiver, peu après que le pic de la deuxième vague est passé, une bulle très restrictive ayant été maintenue pendant de longs mois, notamment à Noël. Ces affirmations émaneront souvent d'observations individuelles de personnes constatant que cette mesure n'est pas respectée par leurs connaissances proches. Or, si la sociologie existe et qu'elle mobilise des méthodes précises d'enquête et d'interprétation des résultats qui croisent des approches quantitatives et qualitatives, c'est précisément parce qu'on ne peut se fier à l'observation individuelle pour la généraliser à l'ensemble des comportements sociaux.

D'un point de vue théorique, il n'y a pas de doute possible. Cette mesure, si elle est appliquée correctement, doit effectivement avoir un bénéfice en matière de ralentissement de la transmission, puisqu'elle diminue *de facto* et mathématiquement le nombre de contacts potentiellement infectieux entre des groupes différents et permet ainsi de diminuer le *Re*. Cette mesure est théoriquement d'autant plus efficace que l'on sait que la contagiosité est très variable d'un individu à l'autre. Petit retour en arrière. On a vu que le *R0* était estimé à 3,4, ce qui signifie qu'en moyenne chaque personne infectée en infectera 3,4 autres. La réalité est un peu plus complexe, car ce pouvoir de contagion varie énormément. Cette valeur de 3,4 est une moyenne entre un très grand nombre de personnes qui sont peu infectieuses, et donc capables d'infecter 0 ou 1 personne, et d'autres très infectieuses, plus rares, mais capables chacune d'infecter 10, 15, 20, voire 40 personnes. En limitant le nombre de personnes pouvant venir à domicile, on empêche donc ces individus très contagieux de contaminer un grand nombre de personnes. Autrement dit, on limite le pouvoir de contagion des personnes les plus contagieuses à une valeur beaucoup plus faible, ce qui va fortement faire baisser la moyenne générale du *Re* à l'échelle de la population.

D'un point de vue pratique, les choses se compliquent, puisqu'il s'agit de l'exemple type d'une mesure très difficilement vérifiable et qui repose donc principalement sur l'adhésion de la population et sur une forme de contrôle social. Ce contrôle social, c'est ce qui fait que vous ne vous promènerez pas en maillot de bain dans la rue, alors même que rien sans doute ne vous l'interdit formellement (à moins que je ne sois pas au courant). C'est le « regard des autres » qui influence les comportements parfois bien plus que la loi. Lorsqu'on est au pic de l'épidémie, que le gouvernement recommande de rester chez soi et de limiter ses contacts, et que chacun a entendu parler de personnes positives, malades ou hospitalisées dans ses connaissances, le contrôle social est plus facile, parce qu'il semble malvenu ou dangereux de déroger aux recommandations. Mais si la sensation de risque de contamination pour soi et pour les autres disparaît, l'adhésion et le contrôle social reposent entièrement sur la confiance que chacun peut accorder dans le bien-fondé des mesures, puisque celles-ci ne sont plus renforcées par l'expérience personnelle.

Or, dans toute population, il y a une part qui est particulièrement sensible aux messages de prévention, qui va se montrer plus zélée encore que ce que le gouvernement recommande, il y a une part qui va globalement suivre les recommandations ou s'en écarter raisonnablement, et une part qui sera beaucoup plus réticente. J'ai parfois reçu dans la même heure un email me traitant de criminel pour n'avoir pas recommandé la fermeture des écoles et un autre dénonçant mon inhumanité pour avoir contribué à « enfermer les enfants ». Lorsque des épidémiologistes recommandent la bulle de 4, de 2 ou de 1, ils n'imaginent donc absolument pas que 100 % de la population va se conformer à cette recommandation. Mais ce chiffre va servir de point d'ancrage mental, de point de repère vis-à-vis de ce qui est attendu à un moment donné. Les plus craintifs n'ont pas besoin de point de repère, ils ne voient déjà sans doute plus personne et attendront le feu vert des autorités pour reprendre une vie sociale. Les plus rétifs aux règles feront des soirées clandestines de toute manière, que la bulle soit à 2, 5 ou 10, cela leur importera peu. Mais ceux qui suivent globalement les règles, ou qui ne les suivent pas à la lettre mais commettent de temps en temps de petits écarts, sont les plus nombreux. Et pour eux, ce chiffre, ce point d'ancrage va être important, car ils vont toujours proportionner leurs écarts par rapport à la norme attendue. Si la norme est à 2 et est très stricte, ils ne se limiteront peut-être pas toujours au fait de ne voir que 2 personnes, mais ils ne le feront pas souvent et ne dépasseront pas 3 ou 4 personnes à la fois. Si elle est à 5, ils s'autoriseront un dîner à 7 de manière exceptionnelle. Il est donc parfaitement possible que « plus personne ne respecte la bulle », c'est-à-dire que la proportion de personnes qui la suivent scrupuleusement soit faible, mais que la bulle soit encore utile de par l'ancrage mental qu'elle fournit, et qu'une augmentation formelle de celle-ci pour tenter de recoller à l'adhésion n'aboutisse simplement qu'à déplacer la norme, et que les écarts à la norme mènent à des valeurs plus élevées.

Il y a également un autre phénomène. Ce n'est pas parce qu'autour de soi « plus personne ne respecte la bulle » qu'il en est de même dans l'ensemble de la population. Nos perceptions, nos comportements sont influencés par notre milieu social et culturel, et nous avons donc beaucoup plus de chance d'avoir autour de nous des gens qui se comportent comme nous que l'inverse. La fameuse « bulle sociale » bien connue sur les réseaux sociaux qui ne nous fait voir que des contenus de personnes qui partagent notre avis existe aussi dans la vie réelle. À chaque élection, on pourrait faire dire à de nombreux électeurs américains : « Je ne comprends pas que les républicains aient gagné les élections, je ne connais que des démocrates » (ou l'inverse). Le phénomène est très bien décrit dans la littérature scientifique en ce qui concerne l'hésitation vaccinale : il existe des groupes sociaux dans lesquels les taux de couverture vaccinale pour les maladies infantiles sont proches de zéro, même s'ils vivent dans une société dans laquelle la couverture vaccinale est globalement bonne. Pour en revenir au « plus personne ne respecte la bulle », les enquêtes régulières réalisées par un consortium de psychologues, et portant sur la motivation, montreront à plusieurs occasions que l'affirmation était en réalité assez peu fondée lorsqu'on la confrontait aux chiffres d'enquêtes. C'est une chose qu'il y ait un fléchissement des personnes qui suivent une mesure, en particulier dans certains groupes sociaux, c'en est une autre de considérer que « plus personne ne la suit » nulle part.

Enfin, il ne faut pas négliger que lorsque différents interlocuteurs, qu'ils soient politiques, experts ou simples citoyens, interrogés lors de micros-trottoirs, répètent que

« plus personne ne respecte la bulle », cela peut également se transformer en prophétie « autoréalisatrice », puisqu'il est beaucoup plus difficile de respecter une mesure contraignante soi-même si on a l'impression que plus personne ne le fait.

5.7. Il n'y a pas d'étude sur les cafés

Lors de la première vague, le lockdown ne fait pas dans le détail, il y a urgence, tout ferme à l'exception des fonctions les plus essentielles. Lors de la deuxième vague en revanche, le gouvernement cherche à limiter l'impact des mesures de confinement et décompose l'implémentation de celles-ci en fonction des secteurs, à côté d'un ensemble d'autres dispositifs visant à limiter la transmission, comme l'intensification du testing ou l'obligation généralisée du masque. Une fois passé le pic de la deuxième vague et au fur et à mesure du déploiement de la vaccination, le relâchement des mesures sera lui aussi graduel et différencié en fonction de grandes catégories d'activités ou de lieux de contacts. Tant dans la phase croissante que dans la phase décroissante de la deuxième vague, le bien-fondé des mesures concernant l'un ou l'autre secteur – la culture, les métiers de contact, les cafés et restaurants – sera contesté au motif qu'il n'y pas d'étude sur la transmission dans un secteur ou une activité professionnelle particulière. On pourrait d'ailleurs décliner cette contestation autour de chacune des mesures, « Il n'y a pas d'étude sur le couvre-feu », « Il n'y a pas d'étude sur le port du masque en rue », etc., jusqu'à l'absurde.

La question est très légitime, mais il est parfaitement possible de générer une prédiction fiable sur la base d'une théorie largement validée, sans en faire jamais l'expérience dans une étude spécifique. Sur base de la théorie de la gravité, je peux prédire qu'il serait dangereux pour moi de tomber de la fenêtre de mon appartement, sans en avoir jamais fait l'expérience. Il n'y a pas d'étude sur la chute des experts du deuxième étage, mais cela ne m'empêche pas d'être rassuré par la balustrade. De la même manière, il y a, à l'automne 2020, un large consensus scientifique pour considérer que le risque de contagion entre deux personnes est influencé par quatre facteurs principaux : 1) le niveau de ventilation et de renouvellement de l'air (le moins risqué étant l'extérieur, le plus risqué un lieu intérieur mal ventilé), 2) le fait de porter un masque ou pas, 3) le fait de rester silencieux ou de parler (le plus risqué étant de parler fort, de crier ou de chanter) et 4) la durée de l'exposition entre ces deux personnes. Si l'on accepte ce consensus, on peut faire sans aucune difficulté, et de manière très fiable, la prédiction que le risque de transmission dans un groupe de vingt personnes est nul si elles se promènent masquées dans un parc ; très faible si elles assistent sans parler et équipées d'un masque à un spectacle de deux heures dans une salle de grande taille bien ventilée avec de la distance entre chacun ; faible si elles se sont assises masquées dans un tram pour un trajet de quinze minutes avec renouvellement de l'air par l'ouverture des portes toutes les trois minutes ; intermédiaire si elles déambulent et discutent masquées dans un petit local mal ventilé ; et élevé si elles partagent un repas pendant deux heures sans masque dans un restaurant mal ventilé.

La contestation viendra aussi de différents acteurs qui disposent de lieux dans lesquels il est relativement aisé de diminuer le risque par une bonne ventilation, ou qui ont investi dans ce sens, et qui se retrouvent logés à la même enseigne que d'autres disposant de lieux plus problématiques. Il n'y a en effet pas grand-chose de commun entre les risques de transmission d'une part d'un coiffeur à son client lorsque les deux portent le masque pendant toute la durée de la coupe, que le salon est faiblement rempli et bien ventilé par une porte et une fenêtre ouvertes, et d'autre part un soin visage d'une heure dispensé à un client dans une petite cabine après qu'il a enlevé son masque. Ils appartiennent pourtant tous deux à la catégorie des « métiers de contact » qui feront l'objet d'interdictions ou de levées d'interdictions simultanées. Enfin, il ne faut pas oublier qu'à côté de ceux qui ont bien compris la nature des risques et font ce qu'ils peuvent pour les réduire, se trouvent quantité d'acteurs qui n'ont pas tout compris ou simplement ne s'en préoccupent pas trop, pour autant qu'ils n'aient pas d'amende. Or, ces derniers contribuent malheureusement à la transmission.

Des prédictions peuvent donc être faites sur la base des connaissances des mécanismes de transmission. Mais un des principes de base des sciences est également qu'une théorie, aussi partagée soit-elle, peut se retrouver invalidée par de nouvelles observations. La physique newtonienne me permettrait sans difficulté de rendre compte de ma jambe cassée après la chute du deuxième étage, mais ne me permettrait pas d'expliquer certaines observations dans le domaine spatial. Il faut donc qu'à un moment ou à un autre les prédictions puissent être vérifiées par des observations, qu'il s'agisse de celles permettant de déployer une constellation de satellites GPS ou de celles ayant abouti à la fermeture des cafés.

Or, à l'échelle de notre pays, mesurer le bénéfice de la fermeture des cafés n'est en réalité pas si simple. D'abord, parce que cette fermeture, ou la réouverture, se fait conjointement à un ensemble d'autres facteurs susceptibles d'influencer simultanément la transmission. Il peut s'agir soit de mesures qui sont prises à l'occasion d'un même Comité de concertation, soit de mesures prises quelques jours plus tôt mais dont l'effet va s'espacer dans le temps, soit encore de l'effet d'une variable inconnue, non mesurée, qui influence en même temps la transmission. En raison de son impact économique, la fermeture des cafés et restaurants se fait à un moment où la transmission est jugée très sérieuse et cette mesure peut également agir comme un signal amenant la population à mieux appliquer des mesures générales de prévention, comme le port du masque ou le simple fait de mieux respecter les limites de contacts sociaux à domicile. En raison de tous ces facteurs qui agissent simultanément, il deviendra très difficile d'isoler l'effet d'une mesure comme la fermeture des cafés de l'effet des autres facteurs sur base des données d'un seul pays.

Une des manières de surmonter cette difficulté consiste à observer l'évolution de la transmission dans un grand nombre de sous-régions dans lesquelles différentes combinaisons de mesures ont été prises. Dans la sous-région du pays A, par exemple, la fermeture de l'Horeca se fera en même temps que la fermeture des écoles, alors que dans la sous-région du pays B, cette mesure sera prise isolément. Si l'on a suffisamment de sous-régions avec des combinaisons de mesures différentes, on va pouvoir quantifier les effets marginaux de chacune des mesures prises isolément. C'est précisément ce que va faire une équipe de l'université d'Oxford qui va étudier l'évolution de la transmission dans 114 sous-régions de 7 pays européens. Dans une étude publiée en mars sur le site de preprint medRxiv[30], les auteurs confirment que la plupart des mesures qui furent mises en œuvre en Belgique sur la base de prédictions déductives se traduisent par une diminution mesurable du *Re*. Ils estiment que

30 Mrinank Sharma *et al.*, « Understanding the effectiveness of government interventions in Europe's second wave of COVID-19 », 2021, https://doi.org/10.1101/2021.03.25.21254330.

la fermeture des commerces non essentiels diminuerait le *Re* de près de 35 %, la limitation des contact sociaux à deux personnes dans l'espace privé d'approximativement 17 %, le couvre-feu et une politique relativement stricte de port du masque permettraient une diminution du *Re* de 13 % et 11 %. En réalité, la seule mesure prise par le gouvernement belge et dont le bénéfice serait relativement limité selon cette étude est la fermeture des lieux de loisirs et de spectacle. De manière un peu surprenante, et en contradiction avec des travaux analogues menés sur des données de la première vague, l'étude conclut à une efficacité limitée de la fermeture des écoles, avec une réduction de l'ordre de 7 % du *Re*, qui est interprétée comme le résultat d'une meilleure implémentation des mesures de prévention au sein même des écoles, et parallèlement d'un report vraisemblable de la transmission se déroulant au sein des écoles sur l'espace privé si les enfants en congé scolaire sont amenés à voir leurs copains de classe.

Dans une autre étude menée sur 41 pays durant la première vague et publiée dans la revue *Science*[31], les auteurs s'intéressent à cette même question, mais sont obligés de grouper les mesures non pharmaceutiques dans des catégories plus grossières. Ils montrent néanmoins que la fermeture du secteur de l'éducation, l'interdiction des rassemblements de plus de dix personnes et la fermeture des commerces non essentiels figurent parmi les mesures les plus efficaces pour diminuer la transmission, avec des réductions respectives de près de 42 %, 40 % et 25 % du *Re*. Il faut souligner que ces mesures peuvent être combinées, et que c'est bien de cette manière que différents pays et régions ont réussi à faire baisser le *Re* en dessous de 1.

31 Jan Brauner *et al.*, « Inferring the effectiveness of government interventions against COVID-19 », *Science*, vol. 371, n° 6531, eabd9338, 2021, https://doi.org/10.1126/science.abd9338.

Dans la plupart des pays ayant appliqué des mesures très analogues aux nôtres, on constatera une efficacité de celles-ci. Il n'y a pas de miracle : si tant de pays ont fait la même chose, ce n'est pas par folie collective.

CHAPITRE 6

L'océan des médias

6.1. Il va falloir inventer une autre manière de vivre

Le temps sur les plateaux télévisés et l'espace dans les articles de presse sont comptés. Lors d'interview, il me faut souvent réagir à chaud, à une question précise dans un contexte donné. Et moi, j'aime la nuance. Je trouve qu'il est important de contextualiser une réponse, qu'il faut éviter de laisser penser qu'il y a des réponses simples à des problèmes complexes. Un jour d'été, un ami me dit : « Marius, tes réponses sont comme les méandres d'un cours d'eau, parfois elles s'écartent, s'éloignent en formant des courbes pour nous faire voir un peu autre chose, un paysage un peu différent, puis elles reviennent à la question initiale, pour déposer ton point de vue. » La plupart des journalistes le savent, cela devient presque un jeu. Sacha Daout me fait souvent des signes avec les doigts pour m'indiquer le temps qu'il me reste pour atterrir avec ma réponse. François De Brigode, à certains moments clés, permettra à la conversation d'échapper au minutage, partant hors cadre, avec le flair du vieux routier qui va cueillir une réaction à un moment important.

Il faut à chaque fois expliquer, réexpliquer, traduire, permettre à chacun de comprendre les raisons qui peuvent expliquer le chemin tortueux, chaotique, qui a amené aux absurdités apparentes de certaines mesures, mettre chacun face au défi de solidarité qui est le nôtre, nommer les égoïsmes cachés sous certains appels à la liberté, tout en prenant en compte la grande détresse des plus vulnérables touchés par les mesures. Il faut choisir soigneusement ses mots, éviter les pièges qui consistent à généraliser à tout un groupe le comportement de certains, éviter les effets de loupe, parvenir à maintenir un point de vue nuancé sur les enjeux du moment, parfois simplement remettre la balle au centre, rappeler les faits, juste rappeler les faits.

Mais pour pouvoir aller plus loin, permettre des explications plus complexes et des diversions nécessaires, il me faut plus de temps et c'est Michel Bouffioux de *Paris Match* qui va me l'offrir. Notre première interview réalisée à la mi-mars 2020 est la première d'une série d'entretiens et d'articles réalisés tout au long de la crise[32], pratiquement un par semaine pendant le premier confinement. Lorsqu'il me contacte, je ne vois *Paris Match* que sous l'angle du journal « people ». Mais il défend le projet, arguant qu'à côté des photos de Meghan et Harry, l'hebdomadaire fait aussi la place à du journalisme d'investigation et à des articles qui peuvent se donner le temps de la réflexion pour être écrits. Il me dit que les articles « à contenu » de *Paris Match* sont beaucoup plus lus qu'on ne peut le penser. Et puis, je suis moi-même convaincu de la nécessité de communiquer avec tous. Le lectorat du *Soir* n'est pas celui de

32 Ces interviews peuvent être trouvées facilement et en accès libre sur le site de la revue *Paris Match Belgique*, en faisant une recherche avec les termes « Marius Gilbert », https://parismatch.be.

La Libre Belgique qui est encore différent de celui de *Paris Match Belgique* et du *Moustique*, comme les auditeurs du JT de la RTBF sont différents de ceux de l'émission de *C'est pas tous les jours dimanche* de RTL. Les questions légitimes touchent tous les publics et les réponses doivent concerner tout le monde.

Ces interviews suivront à chaque fois le même rituel. Je mets mon téléphone en haut-parleur, je m'installe confortablement, Michel a sa liste de questions et nous démarrons une conversation d'une durée d'une à deux heures. Puis, Michel réalise une retranscription, me transmet un avant-projet d'article et me laisse la possibilité de proposer certains ajustements avant la publication finale. Dès le début, nous convenons que nous nous donnons le temps de ne pas être contraints de réagir à l'actualité du jour, que nous allons essayer de donner de la profondeur, d'ouvrir la discussion. Et cela fonctionne. À chaque fois, je suis surpris par le cours qu'a pris notre conversation, m'amenant à aborder des aspects auxquels je n'avais pas pensé, et lorsque la communication se coupe, je reste plusieurs minutes avec le sentiment d'être un peu plus riche de quelque chose. Michel m'a touché par sa grande humanité, me forçant toujours à m'interroger sur la situation des plus vulnérables, et par sa pugnacité, ne se satisfaisant jamais de réponses faciles, superficielles, ou qui chercheraient à esquiver une question qui serait embarrassante. Je me rappelle nos discussions tendues sur la réouverture des écoles. Entre la protection du personnel et l'impact de la fermeture sur le développement et la santé mentale des enfants, comment trancher ? Comment être au plus juste ? Nous n'étions pas d'accord. Je me sentais parfois bousculé, poussé dans mes retranchements, mais je jouais le jeu, je me forçais à y aller. Je me demandais à chaque fois ce qu'il allait bien pouvoir faire de toute cette conversation et, quelques heures ou quelques jours plus tard, j'étais surpris par la justesse de ses retranscriptions. Les corrections que j'y apportais étaient mineures. Ces textes étaient à la fois ses mots et les miens. Aujourd'hui, il y a vingt articles qui jalonnent la crise, décrivent le cheminement des interrogations, des tentatives de réponses, des moments où j'ai vu juste et ceux où je me suis trompé. Les relire avec tout ce que l'on a appris depuis est une leçon de modestie, et je suis heureux d'avoir répondu à l'invitation de Michel. Je crois vraiment que comme nous nous y étions engagés, et pour reprendre ses termes : « Nous avons fait œuvre utile. » Nous ne nous sommes encore jamais rencontrés.

Pendant ce premier lockdown et le déconfinement qui a suivi, nous avons tous dû « inventer une autre manière de vivre », et de mon côté, il m'a fallu aussi m'habituer à une notoriété à laquelle je ne m'attendais pas et qui m'a plus embarrassé qu'autre chose. Le fait de devenir une personne reconnue par le grand public fait partie du métier de quelqu'un qui s'engage dans une carrière politique, journalistique ou artistique. Ils ou elles sont préparés à la notoriété et en jouent même souvent. Les émissions de téléréalité ont également porté au-devant de la scène toute une série de personnes qui doivent leur célébrité aux hasards d'un casting et qui l'entretiennent et la soignent comme un capital précieux. Aucun expert n'a jamais choisi ce métier avec l'ambition d'être un jour reconnu dans la rue. C'est une notoriété qui n'est pas choisie, mais qui, contrairement à ce que beaucoup ont pu penser, se fait au service d'un rôle précis, à un moment donné. Nous serons bientôt oubliés et ce sera une bonne chose, car cela signifiera que l'épidémie est définitivement derrière nous.

La première fois où j'ai pris conscience de ma notoriété a failli s'avérer catastrophique. Au lendemain de la première annonce du lockdown, les bars et restaurants peuvent encore ouvrir pour une dernière soirée. J'ai convenu d'aller au restaurant avec un ami et nous ne modifions pas nos plans. Sur place, les gens d'une table me reconnaissent, me saluent gentiment, trinquent presque à ma santé. Peu avant notre départ, le cuisinier vient dans la salle et prend la parole, les larmes aux yeux. Il y fustige le gouvernement, il dit qu'il ne comprend pas, qu'il a toujours essayé de faire son métier correctement, qu'il n'est pas sûr d'être là dans quelques mois. Il est complètement abattu. Je me fais tout petit, je ressens sa détresse, je ne sais que dire. Au même moment, ma compagne prend un verre dans un café avec une de ses amies et m'invite à les rejoindre. Le café a organisé une soirée dans une arrière-salle. Les participants s'y entassent, dansent, chantent, crient. S'il y a une seule personne infectée dans la salle, nous sommes tous exposés. Le temps de dire qu'il vaudrait mieux ne pas rester, je suis interpellé par une dame :

— Mais, ce n'est pas vous ?

— Qui ça ?

— L'épidémio, l'épidémio... logiiiste qui parlait hier à la télé ?

— Heuu, oui...

— Ça vous ennuie qu'on fasse un selfie à deux ? Je voudrais l'envoyer à mon copain.

— Heeu, je ne sais p...

Ma compagne m'arrache à la conversation, me tire par le bras en dehors de la salle, nous nous enfuyons... Le lendemain, les journaux titrent sur les « lockdown party ». Emmanuel André, que je ne connais pas encore, lâche un tweet au sujet des « irresponsables » qui ont fait la fête. Je réalise ma propre inconscience, l'importance de l'image que je renvoie et je frémis encore à l'idée qu'un selfie comme celui-là se serait propagé à toute vitesse sur les réseaux sociaux. J'imagine les titres :

« Au lendemain de l'annonce du confinement, Marius Gilbert participe à une lockdown party ! » Au-delà de l'imprudence réelle qui était la mienne, cet événement va surtout me faire prendre conscience de la perte de mon anonymat et qu'il me faudrait me montrer exemplaire en toutes circonstances.

Quelques semaines plus tard, François, une connaissance avec qui je faisais du minifoot quelques années plus tôt, m'appelle et me dit : « Salut, dis, avec les copains du club de rugby on voudrait faire imprimer un tee-shirt avec une photo de toi. On le vendrait et on s'engagerait à verser les bénéfices à un hôpital ou à une action de ton choix. Sous ta photo, on avait pensé à la phrase tirée de ton interview à *Paris Match* : « Il va falloir inventer une autre manière de vivre. " Ça t'irait ?» Je pense d'abord qu'il me fait une blague, on est en plein lockdown, qui va s'amuser à acheter des tee-shirts avec ma tête dessus ? Mais je suis justement entre deux réunions, absorbé par ce que je vais devoir y dire, et j'accepte distraitement : « Oui, oui, ok, pas de souci ! » La seule chose que je n'avais pas anticipée, et peut-être lui non plus, c'est que la machine s'emballe. Les médias apprennent qu'il va y avoir un tee-shirt à mon effigie et trouvent que cela fait une anecdote amusante. La RTBF va interviewer François. Les commandes décollent ! Sur Twitter, certains parlent déjà de « récupération mercantile... », et je n'ai pas du tout envie que des centaines de personnes se baladent avec mon visage sur leur tee-shirt. Et puis, nous sommes au cœur d'une actualité lourde, des gens perdent des proches chaque jour, les soignants sont sur les genoux. Ma célébrité n'est ni légère ni voulue, il y a quelque chose à quoi je n'adhère pas, je n'ai pas envie que des personnes plongées au cœur d'un drame aient l'impression que je prends cette notoriété avec légèreté. J'appelle François, je lui explique, il comprend immédiatement, arrête les commandes et nous convenons qu'il puisse honorer celles déjà passées. En décembre 2020, il m'envoie la preuve d'un don fait au Fonds pour la Recherche Médicale dans le Hainaut.

Cette notoriété est très étrange. C'est comme si tout d'un coup les autres s'emparaient de vous, ou plutôt d'une image de vous, d'une représentation de ce que vous êtes. On ne mesure pas avant de l'avoir vécu ce que peut être la perte de l'anonymat. Chaque personne croisée dans un magasin, un supermarché, dans une salle de cinéma a une opinion sur vous, qu'elle décide de garder pour elle ou de partager. Certains vous abordent, d'autres trouvent un moyen discret de vous faire savoir qu'ils vous ont reconnu, mais le plus souvent, ce sont juste des regards qui se posent sur vous un peu plus longtemps que d'ordinaire, juste le temps de penser « Tiens, je connais ce visage, mais d'où ? Ah oui, le mec du Corona... » et de passer son chemin. La notoriété est une poignée de sable qui file entre les doigts de la mémoire collective. Si elle devient gênante, il suffit de ne plus rien faire et d'attendre.

Sur les réseaux sociaux, le ton est différent. Je n'utiliserai intensément Twitter que pendant la première vague, c'est-à-dire à un moment où les mesures seront finalement assez peu contestées par rapport à la deuxième et à la troisième vague. Mais à plusieurs reprises, je m'y trouverai interpellé de manière forte, virulente. Le plus souvent, je m'abstiens de répondre, sauf quand une réponse aurait une vertu didactique me permettant de rebondir sur l'interpellation pour expliquer quelque chose. Et à chaque fois que je le fais, le ton très dur du tweet initial s'adoucit, s'approchant de ce que pourrait être une conversation normale. Un peu comme s'il était permis d'être plus irrespectueux en l'absence de l'interlocuteur, mais que certaines formes verbales étaient restaurées dès le moment où la personne interpellée réagit et qu'un dialogue s'installe. Je ne me suis jamais aventuré sur Facebook et les quelques fois où je suis allé lire des commentaires à des déclarations ou sur des articles dans lesquels j'intervenais, j'ai été complètement découragé. La principale difficulté est qu'il est très difficile de résister à l'envie de répondre si vous vous sentez injustement interpellé, mais que dès que vous le faites, il y a toujours le syndrome de vouloir « avoir le dernier mot sur Internet » qui menace et mobilise une énergie mentale considérable. Il faut accepter de lâcher prise, de ne pas réagir et répondre à tout et à tout le monde.

La majorité des réactions que je reçois dans la vie réelle sont sympathiques, plutôt bienveillantes, même lors des deuxième et troisième vagues, au moment où l'opposition et la fatigue de la population vis-à-vis des mesures de confinement seront au niveau le plus haut. Pendant le premier lockdown, Marie-Antoinette et son mari Joseph, octogénaires tous les deux, m'écrivent une petite carte d'une gentillesse infinie pour me dire tout le bien que mon ton rassurant leur fait, que « je fais un peu partie de la famille ». Je reçois des tas de témoignages de sympathie comme celui-là, auxquels il m'est difficile de répondre individuellement, mais qui me touchent et m'encouragent.

À différents moments de la crise, quand je le peux, j'essaie de répondre à d'autres sollicitations, interviews pour des médias moins traditionnels, exposés pour différents groupes. Je fais au mieux. Claude Semal, qui avec sa malice habituelle avait quelques mois plus tôt réussi à mettre le doigt sur un problème dans les chiffres de mortalité de Sciensano, m'invite à contribuer à son nouveau webzine *L'Asymptomatique*. Je fais un Facebook live avec Tang Hicham, un internaute très suivi ; je réponds à l'invitation de Patrick Dupriez pour Etopia, le Centre d'animation et de recherche en écologie politique ; à celle de Daniel Tanuro pour la gauche anticapitaliste ; je donne un exposé pour le Cercle du lac et le B19. Quels que soient les interlocuteurs, quelle que soit la forme, il y a énormément de curiosité, de désir de comprendre ce qui nous arrive et la manière d'y réagir. C'est dans ce cadre que j'accepte également de participer à deux documentaires en préparation, l'un d'Alain de Halleux pour Arte, l'autre de Bernard Crutzen à titre indépendant. Ce dernier me fait signer un formulaire actant mon accord pour l'utilisation de mon image dans son documentaire. C'est la première fois que l'on me demande ça, je suis intrigué, mais nous poursuivons.

En termes de communication, la fin de l'été et le mois de septembre 2020 sont les moments où je ressens le plus grand découragement. Lors d'une journée de présentation de différents experts de l'ULB à la presse, fin août, je prévois un « gros orage » devant nous en termes de transmission, pour plusieurs raisons : la reprise du secteur de l'enseignement dans des conditions bien plus larges qu'en juin, la reprise de toute une part de l'activité économique, les difficultés à maintenir l'adhésion aux mesures dans la population lorsque les hôpitaux sont presque vides de cas, et le facteur aggravant de la saison à laquelle nous allons devoir faire face. Le contexte de la rentrée est donc particulièrement difficile. L'adhésion aux mesures diminue, la transmission est à un niveau absolu qui est relativement bas et les discours de politiques et d'experts qui considèrent que l'on en fait trop, et qu'il faudrait relâcher les mesures, trouvent beaucoup de relais dans une population lassée. Et l'on peut comprendre le sentiment qui domine dans l'opinion publique. Après des mois de mesures qui touchent à notre vie quotidienne de façon aussi profonde, 20 à 30 hospitalisations par jour, soit 2 nouvelles hospitalisations par semaine par hôpital, cela semble parfaitement « gérable », cela n'a pas vraiment l'air d'être problématique en soi, cela ne semble pas justifier le maintien de mesures aussi fortes.

Tout le monde est sous pression. Certains politiques contestent le bien-fondé et la proportionnalité des mesures. Au sein du Celeval 2, nous passons notre temps à tenter de convaincre les sceptiques que la reprise de l'épidémie est réelle. Des groupes d'académiques et de médecins publient une carte blanche très influente où ils contestent l'efficacité du lockdown et prétendent que la mortalité liée au Covid n'est pas supérieure à celle de la grippe saisonnière. Certains experts pointent l'irresponsabilité de politiques et se retrouvent accusés en retour de vouloir prendre le pouvoir, et le débat scientifique nécessaire et d'habitude réservé aux colloques et conférences s'effectue par cartes blanches interposées. Pour les uns, l'épidémie est terminée sans qu'aucune explication de cette fin soit réellement proposée, et pour les autres, dont je suis, le niveau bas dans lequel nous nous trouvons est lié à l'effet des mesures encore en place additionné d'un facteur saisonnier moins favorable à la transmission. Pour les uns, le feu est éteint, pour les autres, il couve parce que le vent est tombé et que l'on continue à l'arroser, mais il est toujours là et n'attend qu'un relâchement de l'arrosage et une bonne bourrasque pour repartir.

Dès le début du mois de septembre, différents indicateurs repartent à la hausse de manière difficilement contestable et appellent à une intervention rapide. Le 20 septembre, je vais à l'émission *C'est pas tous les jours dimanche*. Je suis mis en débat avec Pierre-François Laterre, intensiviste aux Cliniques universitaires Saint-Luc, qui dit que tout va bien dans son hôpital. Dans ce débat, je suis l'épidémiologiste de bureau et il incarne le médecin de terrain, celui qui est au contact des patients, aux soins intensifs, au cœur même de l'enjeu. Si lui dit qu'il n'y a pas à s'inquiéter, quel poids peuvent avoir mes mots qui répètent qu'il faut plus se préoccuper de l'augmentation que du niveau absolu des chiffres du moment ? Et dans l'émission qui suit, Jean-Luc Gala est l'invité de Pascal Vrebos et tient des propos analogues pendant près de quarante-cinq minutes. Parlant de mon intervention, il déclare : « C'est incroyable qu'un épidémiologiste sorte quelque chose de pareil. » Il critique Marc Van Ranst qui ne saurait pas de quoi il parle quand il évoque le *Re*, il retape sur le clou de ce qui ne serait qu'une « épidémie de tests » à laquelle Emmanuel André n'aurait rien compris et termine sur les experts flamands, « des ayatollahs qui maintiennent une position dogmatique sur tout ». Seul point allant dans le sens de la prudence, il soutient qu'il faut recommander le maintien des mesures à la population. Je me mets à la place du grand public qui ne sait plus très bien qui ou que croire, qui ne voit que différents experts qui se font face et se contredisent dans une grande cacophonie, et qui trouve qu'effectivement les médias semblent faire beaucoup de cas de tous ces tests positifs, que les hôpitaux sont encore vides, qu'il y a peu de proches malades, qu'il n'y a plus beaucoup de morts par jour. Et puis, la lassitude est là, sans perspective d'allègement.

Je quitte les locaux de RTL complètement abattu, le sort en est jeté, tous les ingrédients de la deuxième vague sont là, je le sais, d'autres que moi le savent, et nous n'avons pas réussi à convaincre. Trois jours plus tard, j'annonce ma démission du Celeval 2 afin de reprendre ma vie académique. Il y a beaucoup de fatigue, un sentiment d'avoir donné tout ce que je pouvais. Le travail que nous menons au sein du Celeval 2 n'a plus beaucoup de sens à mes yeux, tant il me semble décalé avec la reprise de l'épidémie. L'année académique recommence, j'ai mes cours à donner, je sors du peloton une fois pour toutes, et j'organise la communication pour que cela se fasse avec le moins de bruit possible. L'heure n'est certainement pas à ajouter une couche de polémique supplémentaire.

6.2. L'appel d'octobre

Les passages au JT sont toujours des moments très particuliers. Il faut parvenir à faire passer une ou deux idées dans un temps très court. Cela reste à chaque fois un exercice délicat qui mobilise beaucoup d'énergie mentale, avant, pendant et après la séquence. Le risque principal est de vouloir faire passer trop de messages à la fois, d'accélérer inconsciemment le rythme de la voix et d'aboutir à ce que le public ne sache finalement pas vraiment ce qu'il y a lieu de retenir. Au fil des émissions, je découvre un autre risque, celui de trop préparer ce que je cherche à dire et d'en perdre toute spontanéité. Les quelques fois où je le fais, j'ai l'impression de réciter une leçon et je pense que cela se voit. Le mieux est de me concentrer sur le ou les messages que je veux transmettre, de réfléchir à quelques phrases d'accroche, de démarrage, puis faire le vide, se concentrer et sauter du plongeoir. Une question récurrente des présentateurs lors de ces passages est celle de mon appréciation de la situation épidémiologique. Ils veulent savoir si je suis inquiet, préoccupé, vigilant ou rassuré, et je pense qu'avec les différentes phases de l'épidémie, on a fini par épuiser tous ces qualificatifs.

Ce 22 octobre 2020, je suis donc là, dans la zone un peu sombre du studio, à faire le vide, à me concentrer sur ce que je voudrais communiquer aujourd'hui. Je ne suis pas inquiet, je suis catastrophé. Le nombre d'admissions à l'hôpital a pratiquement doublé en une semaine, il y a maintenant 500 nouvelles hospitalisations par jour, pratiquement le niveau du pic de la première vague, le taux de positivité est au-dessus de 15 %, le *Re* basé sur les hospitalisations est à 1,45. Bref, tous les indicateurs sont dans le rouge, voire le noir. Le seul élément positif est que le taux de croissance des cas et des hospitalisations a légèrement baissé : le *Re* était à 1,55 il y a quelques jours. C'est peut-être l'effet de la dernière vague de mesures, mais il est difficile d'en être sûr. Vers la fin septembre, on avait déjà vu ce *Re* diminuer temporairement, pour repartir de plus belle à la hausse dans les semaines suivantes. Et l'hiver n'a même pas encore commencé.

Une semaine plus tôt, dans l'émission de Sacha Daout, j'évoquais l'échec collectif que m'inspirait le fait de me retrouver pratiquement sur le même plateau qu'il y a sept mois. L'échec collectif des politiques, experts, médias, citoyens, de nous tous qui n'avions pas réussi à ne pas nous retrouver au même point sept mois plus tard, à devoir à nouveau adopter des mesures d'urgence pour éviter une saturation du système de soin. Mais le contexte n'est plus le même, il y a évidemment l'usure, la lassitude, le désespoir de devoir à nouveau recourir à des mesures fortes et à leur cortège d'impacts sociaux, économiques et psychologiques qui rendent la mobilisation difficile. Plus personne n'applaudit les soignants à 20h et, quelques mois plus tard, ils vont même se retrouver la cible de réactions agressives. Il y a aussi, malheureusement, comme une forme d'habituation aux drames : 10 morts Covid n'ont pas le même impact, la même signification, le même poids dans l'opinion publique en octobre qu'en mars 2020. La situation tendue des hôpitaux, la fatigue du personnel, les perspectives d'un chaos parfaitement prévisible, le franchissement de la « ligne rouge » ne semblent plus émouvoir de la même manière. Certains semblent les accepter avec une sorte de fatalisme, surtout s'ils n'ont pas de liens avec les hôpitaux. Comment arriver encore à mobiliser dans ce contexte ? Comment toucher les jeunes qui, pour les raisons que l'on a évoquées, se sentent moins concernés par les mesures ? Et surtout, je suis parfaitement conscient que ceux à qui je vais m'adresser dans quelques secondes sont probablement déjà largement convaincus par la gravité de la situation. Mais il y a tous les autres. Ceux qui ont arrêté de regarder le JT pour échapper au caractère anxiogène de ces nouvelles quotidiennes, ceux qui mettent en doute ce qui s'y dit, qui ont perdu confiance, n'y croient plus, et puis toutes celles et tous ceux qui ne regardent jamais la télévision pour s'informer. Il faut aller au-delà, toucher d'autres publics, autrement et c'est urgent.

Il y a quelques semaines, par curiosité, je m'étais interrogé sur mon audience sur Twitter et j'avais consulté le nombre de *followers* de certains membres du gouvernement et de parlementaires. J'avais été surpris de constater que j'avais une audience comparable à certains d'entre eux, mais que, surtout, tant les experts que les politiques, nous étions tous des « petits joueurs » à côté de certaines stars belges des réseaux sociaux. Je connaissais bien sûr les stars de foot ou de la scène et leurs millions de *followers*. Mais j'avais surtout été surpris de l'audience considérable des influenceuses et influenceurs pour des sujets incroyablement variés : le *lifestyle*, la mode, la beauté, la décoration d'intérieur, la cuisine, la photo, le voyage, les restaurants, les hôtels. Il y avait là des tas de personnes disposant chacune de dizaines, voire de centaines, de milliers de *followers*. J'en avais entendu parler par les médias, mais je n'avais jamais pris conscience de l'ampleur du phénomène.

Et là, dans l'attente du passage au journal télévisé, je me dis que c'est peut-être le moment, l'unique opportunité de mobiliser cette communauté-là, de faire un appel, de tenter de toucher chacun par un canal nouveau et inattendu dont je ne dispose pas moi-même. Et je me sens d'autant plus légitime à le faire qu'il s'agit d'une situation d'urgence, que je ne cherche ni à vendre ni à faire adhérer à un message politique, simplement à conscientiser de l'importance de freiner l'épidémie auprès d'un public que la communication gouvernementale et les médias traditionnels touchent peu. Alors, dans les secondes qui suivent, je me lance. Dans le journal, j'évoque le fait que ce que fera le politique ne suffira pas si la population n'est pas convaincue de l'utilité et de la nécessité de ce qui nous attend, qu'il faut que tous les acteurs intermédiaires se mobilisent et j'évoque les influenceuses et influenceuses. L'interview se termine, mais je sais que ce pas-là n'est pas suffisant. Ceux que je cherche à convaincre ne regardent pas le JT. C'est sur les réseaux sociaux qu'il va falloir aller.

Sur le trajet du retour, les premières lignes de l'appel se dessinent dans mon esprit. Il faut que ce soit un appel à l'aide. Il faut que tous puissent se sentir investis, il faut dire ce qui est en jeu. Il faut aborder la responsabilité sans culpabiliser, il faut parler au cœur, faire résonner ce qu'on a tous en commun, des amis, des êtres aimés. Il faut parler d'humanité et il faut faire confiance. Tout est confus. Je décide de dormir. Au réveil, le sommeil a joué son rôle, les pensées sont plus claires, les mots sortent tout seuls. J'écris une première version et j'échange avec mon ami Stéphane Vanden Eede sur le contenu de l'appel. Nous discutons du texte, des hashtags, du timing, du découpage de l'appel en sous-tweets qui puissent chacun être partagés indépendamment, portant chacun une idée différente et complémentaire. Il teste le texte auprès d'influenceuses qu'il connaît bien, les retours sont positifs, elles relayeront. L'appel est diffusé à 9h59 :

> « Vous qui avez 100, 1 000, 10 000, 100 000 *followers* sur FB, Insta ou par ici. Vous qui voyez du monde tous les jours, sur le terrain, aidez-nous, aidez-vous ! Il est #minuitmoinsune votre influence peut sauver des vies, nos hôpitaux sont au bord du gouffre. #stopcorona. »
> « Aidez-nous à dire la prudence, la mesure, cette marche sur un tapis d'œufs. Aidez-nous à dire que cette crasse nous concerne tous, que nous devons marcher en nous aidant les uns les autres. #minuitmoinsune #stopcorona. »
> « Aidez-nous à dire que le masque est la capote du corona. Un truc idiot, un truc pas cher, un truc pas beau, un truc qu'on a dans la poche et qu'on sort quand on aime ou respecte celui ou celle à qui on parle. #minuitmoinsune #stopcorona. »
> « Aidez-nous à faire comprendre que renoncer à une fête, ce n'est pas renoncer à la vie, à l'amitié ou à l'amour. Que c'est temporaire, ça passera, que c'est protéger les plus faibles en bout de chaîne, que c'est faire preuve de lien, d'humanité. #minuitmoinsune #stopcorona. »
> « Vous êtes les meilleurs experts, les meilleures expertes des codes qui nous échappent, des manières de dire, des manières de convaincre celles et ceux qui vous écoutent. Faites-le avec votre talent, votre conviction, vos mots. Il est #minuitmoinsune, c'est maintenant #stopcorona. »

Je regarde le compteur sur mon profil. Ça démarre tout d'abord lentement, et puis la réaction en chaîne s'enclenche.

Dans les minutes qui suivent, l'appel est partagé des dizaines, des centaines, des milliers de fois. C'est un feu de paille. Et pour la première fois, je me réjouis de voir un phénomène épidémique se propager sous mes yeux. Très vite, certains convertissent le contenu du tweet qui leur a le plus parlé en un panneau qu'ils partagent sur Instagram et Facebook, et là aussi cela part dans tous les sens. À 16h47, le compte Twitter officiel du président français Emmanuel Macron publie :

> « Vous qui lisez ce message, vous pouvez faire quelque chose face au virus. »
> « Que vous ayez 50, 100 ou 1 million d'abonnés sur vos réseaux sociaux, votre voix, votre relai peut sauver des vies. Aidez-nous à appeler chacun à la responsabilité : nous ne surmonterons cette deuxième vague qu'ensemble ! »
> « Nous ne le rappellerons jamais assez : non, ce n'est pas une maladie comme les autres. Non, le virus n'épargne personne. Jeunes comme moins jeunes, nous sommes tous exposés. Nous sommes tous liés. »
> « Aidez-nous à rappeler que derrière les termes de "cas contacts" ou de "positifs", il y a les visages de nos parents, de nos amis, de nos collègues. Le virus est là et il circule, en particulier dans la sphère privée. »
> « Aidez-nous à expliquer que le port du masque, que tous les gestes barrières, doivent devenir comme la ceinture en voiture : un réflexe pour se protéger. »
> « Aidez-nous à assumer que, oui, renoncer à un dîner ou un week-end entre amis ne ravit personne. Mais que c'est temporaire. Se restreindre maintenant, c'est pouvoir espérer se retrouver bientôt. À condition de tous jouer le jeu. »

Tout y est : la séquence des nombres en introduction, l'anaphore stylistique du « Aidez-nous », un sous-tweet pour le masque, un sous-tweet pour le renoncement temporaire à un dîner ou une fête. Je ne connaîtrai jamais la séquence d'événements qui aura amené à ça. Il faut croire que la diffusion a été suffisamment importante en Belgique pour que les tweets parviennent aux oreilles de l'équipe de communication du président français, qu'ils se réunissent rapidement pour décider de produire une communication analogue, évaluent peut-être avec soin le risque que le président puisse être accusé de plagiat et concluent que c'est peu probable, et que le président valide le tout. Tout cela en moins de sept heures.

Quelques jours plus tard, Stéphane insiste pour que je clôture l'appel par un « Merci » à tous ceux qui y ont été sensibles, qui l'ont partagé, transformé ou diffusé, en particulier les journalistes Marie Van Humbeeck, Marie Cappart, Mélissa Monaco… et Angèle. C'est une bonne idée, ma compagne m'aide à faire un joli panneau bleu. Bilan de l'opération, le premier tweet a eu 2 500 partages, plus de 400 000 vues, et il m'est difficile de quantifier ce qui aura été reproduit et partagé sur les autres réseaux sociaux. Mais je mesurerai surtout que l'objectif de communication a été largement rempli quand je verrai mes enfants un peu plus tard et qu'ils me diront : « Papa, l'autre jour, franchement, sur Insta, c'était exagéré… On n'a vu que toi. À la fin, c'était presque trop, on n'arrivait plus à voir d'autres contenus… »

6.3. Derrière les chiffres

Le pic de la deuxième vague culmine en novembre, et il faut à présent attendre que le niveau de la transmission diminue avant d'envisager quoi que ce soit en matière de relâchement des mesures.

Depuis le changement de gouvernement et l'arrivée du duo De Croo - Vandenbroucke, les choses ont changé. Le Celeval 2 n'est plus, et c'est le Groupe d'experts sur la stratégie de gestion, le GEMS, qui lui a succédé, avec l'aide du commissariat Corona Pedro Facon qui se charge de la coordination générale de tout ce qui tourne autour du Covid. Les experts ne sont plus à l'avant-plan des politiques, et c'est très bien ainsi. Les discussions se tiennent entre membres du GEMS ; ceux-ci produisent leur rapport et ne participent plus aux interactions directes avec les politiques, puisque c'est le commissaire Corona qui s'en charge. Le ministre de la Santé Frank Vandenbroucke a pris ses marques, a imposé sa place, et c'est vers lui et non plus vers les experts que les critiques des politiques opposés aux mesures s'orientent. Il défend la santé publique, il est dans son rôle. Mais que l'on soit d'accord ou pas avec sa politique, il y a au moins une ligne de communication claire vis-à-vis de laquelle on peut se positionner. Il n'est plus question de tergiverser, d'avoir des mesures qui changent au gré des indicateurs. Le ministre tient à fixer la ligne, l'horizon, les objectifs et les moyens. D'autant qu'un élément de taille vient complètement changer la donne. Les premiers vaccins sont là et avec eux, pour la toute première fois depuis le début de la crise, l'espoir pour tous de pouvoir reprendre une vie normale. L'arrivée de cette « porte de sortie » va changer la stratégie. Il s'agit maintenant de tenir avec les dispositifs en place, avec le testing et tracing, avec les règles par secteur, jusqu'à ce que la population à risque soit protégée et que la vaccination puisse s'étendre ensuite à une large partie de la population jusqu'à la période plus favorable de l'été.

Dans le même temps, un autre aspect de ma vie professionnelle a changé. Quelques jours après ma sortie du Celeval 2, Annemie Schaus, qui vient d'être élue rectrice de l'Université libre de Bruxelles, me propose de rejoindre son équipe en tant que vice-recteur à la recherche. Le temps de reprendre mon souffle, j'accepte.

Dès nos premières réunions, nous sommes confrontés aux conséquences de mesures Covid sur la vie universitaire, car la présence physique des étudiants sur les campus sera de très courte durée. À peine quelques semaines de cours et ceux-ci sont renvoyés à l'enseignement à distance en raison de l'arrivée de la deuxième vague épidémique. Petit à petit, nous nous retrouvons confrontés aux conséquences qu'ont ces mesures sur les étudiants. Le gouvernement a pris soin de protéger l'enseignement primaire de fermetures de longue durée, ce qui sera sans doute sa principale mesure indirecte en faveur de la santé mentale. Les étudiants du secondaire ne perdent pas tout à fait le contact avec l'école grâce aux 50 % qu'ils sont autorisés à maintenir en présentiel. Mais les étudiants du supérieur vont eux se prendre les mesures de plein fouet. Non seulement ils doivent organiser leurs études à distance, avec toutes les difficultés de concentration et de risque de décrochage que peut représenter le fait de suivre de longues heures de cours sur un écran, mais ils sont également contraints d'interrompre toute vie sociale. Ceux qui étudient encore chez leurs parents et qui ont de bonnes relations avec eux s'en sortent. Mais pour les autres, le dilemme est simple. Soit ils se soumettent aux mesures avec des risques importants pour leur santé mentale liés à l'isolement prolongé, soit ils s'en sortent en contrevenant aux règles qui ne seront jamais adaptées à leurs besoins. Pour certains, de plus en plus nombreux, à la détresse mentale s'ajoutent les difficultés financières, car il ne leur est plus possible de prester des jobs étudiants pour payer leurs études ou leurs logements. De semaine en semaine, nous recevons des nouvelles alarmantes concernant la santé mentale et la précarité de nos étudiants. Le vice-recteur aux affaires académiques, Alain Levèque, travaille d'arrache-pied avec l'administration pour tenter de répondre aux besoins au fur et à mesure qu'ils se présentent.

Le débat public se dégrade de jour en jour. Sur les réseaux sociaux et dans l'espace public, la pression à laquelle l'ensemble de la population est soumise contribue à l'émergence de mouvements de contestation de plus en plus radicaux. Le contexte est également idéal pour voir fleurir des thèses complotistes complètement invraisemblables qui proposent des explications simplistes à la crise.

Le documentaire de Bernard Crutzen *Ceci n'est pas un complot*, auquel j'ai participé quelques mois plus tôt, sort vers la fin du mois de janvier. Il se démarque des thèses complotistes les plus loufoques pour tenter d'appuyer le point de vue subjectif assumé par l'auteur : les médias traditionnels auraient délibérément joué sur la peur de l'épidémie pour entraîner la société à accepter des privations de droits et de libertés. Il y a beaucoup de raccourcis. L'auteur joue sur la similitude de format avec un travail journalistique pour faire passer sa thèse, ne s'embarrasse pas trop de coller aux faits ou de les vérifier pour y parvenir, et sera beaucoup critiqué pour cela par les journalistes qui acceptent mal que leur déontologie soit mise en cause par un auteur qui ne la respecte pas lui-même. Bernard Crutzen botte en touche et assume. Face à ce qu'il considère comme une représentation consciemment ou inconsciemment biaisée de la réalité par les médias dit « traditionnels », il ne voit pas pourquoi il ne pourrait pas, lui aussi, présenter « sa » vision délibérément biaisée du réel.

Indépendamment de ces critiques, ce qui me frappe surtout, c'est que le film ne rencontre pas la question suivante : faire jouer la peur, fermer les cafés, limiter les libertés individuelles, mais au service de qui et de quoi ? À cela, pas de réponse réellement convaincante. Pas de réponse non plus à la question de savoir quel homme politique, quel décideur aurait quoi que ce soit à gagner à défendre des mesures ayant un tel impact sur l'économie. C'est comme si le virus, sa réalité, ses morts, ces dizaines de milliers de vies affectées par la perte d'un proche ou par des Covid longs n'existaient pas, comme si la « ligne rouge » à ne pas dépasser qui avait été celle de la Belgique – faire en sorte de ne pas laisser mourir des gens aux portes de nos hôpitaux – n'avait pas été un objectif suffisamment louable pour justifier temporairement les contraintes qui nous avaient été imposées.

Peu après la sortie du film et en raison de ma participation – Bernard Crutzen était venu m'interviewer en août –, je suis interpellé par de nombreuses personnes qui me demandent si j'adhère aux thèses développées dans le film. Je n'y dis rien d'extraordinaire. J'y parle du fait que les comportements changent lorsque les gens sentent que l'épidémie est autour d'eux, le fameux poids de l'expérience individuelle, et que la peur est un moteur de changement. J'y parle des consultants ayant aidé les travaux du GEES. Mais pour beaucoup, ma participation pose question, et pour dissiper toute confusion, je suis obligé de m'en distancier publiquement.

Lorsque la poussière sera retombée, que la combinaison de la vaccination et de l'immunité acquise nous amènera à ce que le Covid ne soit plus un problème, que les cafés, les cinémas, les scènes, les auditoires et les boîtes de nuit auront rouvert, que les virologues seront retournés à leurs laboratoires et les politiques aux débats qui les occupent, que les libertés seront pleinement retrouvées, il ne restera sans doute pas grand-chose du fantasme de médias à la solde du gouvernement visant à nous en priver.

Et puis, à côté de cela, deux à trois semaines plus tard, le documentaire d'Alain de Halleux sort : *Le grain de sable dans la machine*. Il décrit la pandémie au cœur des enjeux qu'elle révèle et nous force à nous interroger sur la suite que l'on veut y donner. Redémarrer la machine de la même manière ? Ou la laisser de côté pour reconstruire autre chose ? Et comment ? Avec quelles pistes ? Avec qui ?

En termes de communication, le grand public en a marre du Covid. Il sature, il n'en peut plus de cette litanie quotidienne des chiffres, des reportages, des discussions sur le bien-fondé de la mesure X ou Y. Et puis, les journalistes eux-mêmes sont de mieux en mieux informés et expérimentés dans l'analyse des données Covid. Les analyses de Xavier Counasse du journal *Le Soir* ou de Xavier Lambert à la RTBF n'ont rien à envier à l'analyse de nombreux experts. Si je veux vraiment offrir une valeur ajoutée au travail journalistique, je dois essayer d'aller plus loin. En novembre, avec Johanne Monteye et Arnaud Ruyssen de la RTBF, nous décidons de proposer chaque semaine une séquence consacrée à un chiffre, une question sur l'évolution de l'épidémie, qui serait traitée en profondeur. La démarche est didactique. L'idée est que ceux qui sont devenus complètement « allergiques » aux informations sur le Covid puissent une fois par semaine, lors de ce rendez-vous, apprendre quelque chose, se voir proposer un nouvel éclairage. Nous nous donnons le temps. Chaque semaine, nous avons rendez-vous, nous décidons ensemble du chiffre que nous allons expliquer. Je creuse un peu, prépare quelques éléments de réponse, et nous déclinons la séquence sous différents formats pour la radio et la plateforme en ligne de la RTBF afin qu'elle circule également sur les réseaux sociaux[33]. L'idée est de donner à chacun les instruments lui permettant de se faire une opinion sur l'évolution de l'épidémie, mais pas d'imposer un point de vue. Nous cherchons à faire du travail de fond, de la prévention face aux raisonnements simplistes. La démarche est en tout point analogue à celle que nous allons entamer à l'ULB : la formation d'un nouveau webzine étudiant, appelé *PRISME*, ayant pour objectif de traiter de grands enjeux contemporains de manière multidisciplinaire.

Je m'éloigne petit à petit des projecteurs médiatiques. Il faut dire que je me retrouve dans une position un peu inconfortable. Parfois, je me sens en désaccord avec certaines positions du GEMS et je me retrouve à partager des critiques émises par certains membres du collectif Covidrationnel. Ce sera notamment le cas sur la reprise apparente de la transmission à la fin des vacances de Noël, sur la fermeture des écoles un peu avant les vacances de Pâques, sur l'inutilité de certaines mesures dans le secteur culturel, ou sur le non-effet du miniconfinement de la troisième vague. À d'autres reprises, je défends la position du GEMS et du gouvernement lorsque j'estime qu'ils sont injustement attaqués, comme lorsqu'ils mettent en avant le risque de rebond épidémique consécutif à l'arrivée du variant britannique, ou à l'occasion de cette conférence de presse de février où Niel Hens viendra présenter les prévisions de son modèle mathématique qui seront descendues en flèche par différents interlocuteurs et médias. Ces travaux sont solides, il y a une vraie intention de communication scientifique transparente, et les critiques se montreront d'autant plus injustifiées que ses

33 https://www.rtbf.be/lapremiere/emissions/detail_derriere-les-chiffres-du-covid?programId=18003#toplivearea.

prédictions vont se vérifier par la suite. Et puis, l'enjeu principal du printemps 2021, c'est la vaccination. Il faut présenter celle-ci, il faut convaincre ; médecins et immunologues sont à la manœuvre.

Le 27 février, je suis l'invité du *Grand Oral* chez Bertrand Henne. Il parvient à me faire prononcer les mots de « troisième vague », que j'estime imminente, tout en mentionnant que nous sommes bien mieux armés pour y faire face grâce à l'immunité naturelle acquise durant les première et deuxième vagues, qui doit concerner près de 20 % de la population, et à la vaccination qui progresse à grands pas. Je me retrouve à nouveau accusé d'être un « marchand de peur » voulant priver les gens de liberté. Le film de Crutzen est passé par là. Quelques semaines plus tard, il suffit de regarder la courbe épidémique. Fin février-début mars, la troisième vague démarre bien. Elle sera nettement plus faible que les précédentes, mais se traduira tout de même par une augmentation assez forte des niveaux d'occupation en USI par les cas Covid.

Vers la fin du printemps, les mouvements d'opposition aux mesures se radicalisent encore plus. Les grands rassemblements au bois de la Cambre avec la « Boum 1 » puis la « Boum 2 » donnent lieu à des affrontements entre les forces de police, qui entendent faire respecter les règles, et les jeunes et moins jeunes qui sont venus là avec toutes sortes d'intentions ; les uns pour faire la fête, les autres pour donner une visibilité à leur mouvement de contestation, les derniers pour la bagarre et l'adrénaline. Tout le monde joue son rôle. Le bourgmestre doit maintenir l'ordre et le respect des mesures, sinon tous les autres secteurs qui les respectent risquent d'entrer en désobéissance civile. Des jeunes chantent et dansent, les bagarreurs balancent des trucs sur la police, certains policiers profitent qu'on leur ait lâché la bride pour se montrer inutilement violents, et les représentants de groupes contestataires dénoncent la disproportion des moyens.

Il est temps que tout cela s'arrête… Heureusement, ce n'est plus qu'une question de semaines : bientôt, on rouvre les terrasses !

Avec Nathan Clumeck et Leïla Belkhir, fin mars, nous écrivons une carte blanche pour proposer un changement de stratégie de manière à ce que l'on n'ait plus jamais à recourir à des fermetures par secteur entier[34]. Il nous semble qu'une stratégie basée sur des évaluations de risques plus fines serait une évolution nécessaire par laquelle le risque sanitaire d'un lieu ou d'une activité pourrait être évalué de la même manière que la sécurité incendie. Il y a des normes pour la qualité de l'eau et de la nourriture, pourquoi pas des normes pour la ventilation dans les lieux publics ? Ceci permettrait, en cas de reprise temporaire ou locale de l'épidémie, de recourir à des fermetures par lieu, selon leur risque sanitaire propre plutôt que par secteur entier. Ce n'est rien d'autre qu'une proposition d'évolution. Lors de la première vague, on a dû tout fermer dans l'urgence. Lors de la seconde vague, on a modulé les fermetures secteur par secteur. La préparation de vagues futures appelle à un ciblage encore meilleur, une évaluation et une gestion lieu par lieu, en particulier vis-à-vis des protocoles et de la ventilation. La carte blanche est très bien reçue politiquement, mais le timing n'est pas le bon. Il est trop tôt, l'urgence, c'est de tenir encore un peu, puis de déconfiner les secteurs à la faveur de la vaccination. Pour le reste, on verra après. Mais cette dernière intervention médiatique me donne l'occasion de mesurer

---

34 *Le Soir*, 12 avril 2021, https://plus.lesoir.be/365818/article/2021-04-12/la-carte-blanche-de-trois-experts-il-est-temps-dadapter-notre-strategie.

la fatigue des interlocuteurs du GEES et du commissariat Corona qui n'ont pas quitté le peloton. Ils sont usés, fatigués. Ils attendent impatiemment la ligne d'arrivée qui n'a cessé de se déplacer depuis plus d'un an. Quelques semaines plus tard, le commissaire Corona, Pedro Facon, annonce que les détecteurs de CO^2 vont devenir obligatoires dans de nombreux lieux publics et seront recommandés dans les écoles ; première étape vers une gestion et une stratégie à plus long terme basée sur l'évaluation et la diminution locale des risques ?

Le 17 juin 2021, je suis l'invité de *Jeudi en prime*. Je me retrouve avec François De Brigode et Nathalie Maleux sur exactement le même plateau que notre marathon de trois heures du 13 mars 2020.

Tous les indicateurs sont en chute libre, la diminution des hospitalisations est de plus en plus marquée. Les restaurants sont ouverts, le soleil brille, il fait chaud et il n'y a que des perspectives réjouissantes devant nous. Mais tout n'est pas réglé pour autant. Il y a les variants, il y a l'échappement vaccinal[35], il reste des personnes qui ne peuvent ou ne veulent pas se faire vacciner, et il est difficile de dire quel pourrait être l'impact sanitaire de tout ceci. À ce stade toutefois, il est vraisemblable que la protection, même partielle, d'une très large majorité des personnes à risque, puisse permettre de limiter l'impact sanitaire à un niveau acceptable, même en cas de reprise de la transmission. Un scénario optimiste serait d'imaginer qu'une combinaison d'immunité acquise par la vaccination avec une immunité naturelle passée ou future amène à une diminution graduelle des résurgences, des hospitalisations et des décès.

---

35 Infection d'une personne vaccinée. Les vaccins n'ayant pas une efficacité de 100 %, ces événements n'ont rien d'exceptionnel.

Il reste toujours des inconnues, des choses incomprises. L'exemple de la ville de Manaus au Brésil reste à l'esprit de tous. À l'issue de la première vague particulièrement sévère, les autorités mesurent par des enquêtes sérologiques que près de 76 % de la population a développé une immunité contre le virus. La ville se sent protégée et lève toutes les mesures de prévention. En janvier 2021, malgré ce niveau d'immunité élevé, l'épidémie reprend de plus belle, très vraisemblablement portée par le nouveau variant P.1 qui s'y propage en masse avec des niveaux de décès quotidiens comparables, voire supérieurs, à ceux de la première vague. Les 76 % ont-ils été surestimés ? Peut-on imputer cette nouvelle vague entièrement au nouveau variant P.1 ? Y a-t-il eu une diminution graduelle de l'immunité de groupe ? Il est encore trop tôt pour avoir une vue claire sur ce qui s'est passé, mais cet épisode a marqué la communauté scientifique. La protection durable offerte par une immunité acquise naturellement, même dans une grande partie de la population, semble toute relative et doit nous inciter à ne pas crier victoire trop tôt, même avec une bonne couverture vaccinale.

Je pense néanmoins que cette campagne de vaccination est un tournant. Parce que même si la protection n'est pas totale, même si certains variants plus transmissibles ou virulents émergent, elle permet d'offrir une protection de base au plus grand nombre. Il est peu vraisemblable que l'on passe d'une protection vaccinale de près de 95 % à... rien du tout. Il doit être possible de s'appuyer sur cette base, d'adapter les stratégies vaccinales aux nouveaux variants en circulation, de combiner cette protection au dépistage large et systématique ainsi qu'à un meilleur ciblage de la prévention, permettant de limiter au maximum les quelques mesures qui seraient nécessaires. Plus personne ne veut de mesures collectives, de fermetures de secteurs entiers, et la large couverture vaccinale doit nous en donner les moyens.

Je regarde François De Brigode et Nathalie Maleux. On ne dit rien, mais je crois que l'on pense la même chose. On espère que la boucle ouverte en mars 2020 est occupée à se refermer, sans oser le dire ; peut-être quelques restes de superstition...

6.4. Kayak et jardineries

Difficile de parler des médias sans aborder la question de la communication gouvernementale.

Petit rappel pour ceux qui vivraient sur la Lune ou qui ne sont simplement pas exposés aux médias belges. Le 22 avril 2020, alors qu'elle présente le tout premier plan de déconfinement qui doit permettre à la Belgique de sortir du lockdown, la Première ministre, annonce, entre autres mesures et à titre d'exemple, la possibilité de faire du... kayak. Pour l'anecdote, je me rappelle encore la réunion du GEES à la Banque nationale de Belgique où ce mot est prononcé pour la première fois dans ce contexte. Nous discutons du fait qu'il n'y a aucune raison de maintenir des interdictions vis-à-vis d'un certain nombre d'activités d'extérieur qui se pratiquent seules ou à bonne distance des autres et que celles-ci pourraient être autorisées au plus vite. Quelqu'un mentionne qu'il faudrait ajouter quelques exemples au rapport et je ne sais plus qui dit : « Je ne sais pas moi, le kayak ? » Le terme se retrouve donc dans le rapport du GEES, accompagné d'autres exemples comme le surf, le canoé ou la pétanque... Je n'ai plus en tête celui ou celle qui a rédigé cette section, et entre les différentes versions qui ont circulé je ne saurai jamais qui a finalement constitué cette liste, ni sur quelle base. Mais cet exemple parvient à se faufiler du rapport du GEES à la communication officielle faite par la Première ministre et apparaît d'autant plus incongru que personne n'a évidemment pensé à contacter la fédération de kayak, que les voies navigables sont toujours fermées et que les lieux qui louent des kayaks ont toujours portes closes en tant que commerces non essentiels. Bref, il est toujours impossible de faire du kayak pour qui que ce soit en Belgique.

Mais l'anecdote est révélatrice d'un phénomène beaucoup plus important. Les travaux du GEES, la consultation des différents secteurs concernés et les discussions politiques menées dans l'urgence absorberont toute l'énergie disponible. La communication sera globalement sous-investie. Pour dire les choses autrement, la plus grande part de l'énergie gouvernementale sera consacrée à la prise de décisions et non à la manière dont ces décisions sont susceptibles d'être communiquées, entendues et comprises. Bien sûr, dans l'établissement des règles, tant les membres du GEES que les parties prenantes consultées ou que les membres du gouvernement seront attentifs à éviter autant que possible les contradictions entre les mesures. Ils chercheront à proposer des règles simples, faciles à communiquer, comme les « six règles d'or ». Mais il ne sera pas rare que la communication des différentes phases de déconfinement soit ficelée à la va-vite dans les heures, voire les minutes, qui précédent une conférence de presse. Cela peut sembler ridicule, mais en réalité il n'était pas si simple de faire autrement. Les attentes de la société étaient telles, la pression si forte, qu'il n'a jamais été possible qu'une décision ou un rapport parvienne à rester secret plus de quelques heures sans faire l'objet d'une fuite vers les médias. Dans ce contexte, une fois un ensemble de décisions prises, que fallait-il faire ? Prendre deux jours pour peaufiner la communication avec le risque que les décisions fuitent et soient diffusées par la presse de manière incontrôlée ? Ou tenter de rester à la manœuvre et organiser la communication en urgence ?

Il n'en reste pas moins que dans un contexte où les comportements collectifs sont absolument déterminants, la qualité de la communication au sujet d'une décision est au moins aussi importante que la décision elle-même. Rien ne sert de mettre en place un système de testing et tracing si les personnes malades ne se signalent pas pour être testées parce qu'elles se méfient ou qu'elles ont peur des conséquences pour elles-mêmes ou pour les personnes qu'elles seraient amenées à identifier. Rien ne sert de mettre en place des règles très difficilement vérifiables si celles-ci sont mal comprises par celles et ceux qui sont censés les appliquer, ou qui sont simplement dans l'incapacité matérielle de le faire. Et dans ce travail de communication, chaque détail compte et peut compromettre l'efficacité d'un dispositif, les réseaux sociaux se chargeant de donner une caisse de résonance énorme à chaque dysfonctionnement avéré.

Pour bien organiser cette communication, il faudrait du temps et des moyens. Il est difficile de pallier le manque de temps que l'épidémie nous a imposé, mais je ne pense pas qu'on se soit réellement donné les moyens d'une communication qui soit à la hauteur des enjeux sociaux, économiques et psychologiques du confinement.

Peu après la reprise de certaines activités, je suis au cinéma et je tombe sur une publicité pour une marque de soda bien connue, incroyablement bien faite, engageante, positive, qui nous invite à penser le « monde d'après », à faire preuve de solidarité, à être dans le lien malgré la distance. Bien sûr, ce n'est qu'une publicité visant à bien imprimer dans mon inconscient que la marque de soda sera toujours là quelles que soient les transformations sociétales à venir et qu'il n'y aura pas de révolution qui puisse se réaliser sans elle. Mais par contraste, les spots et affiches de la communication gouvernementale semblent figés, d'un autre temps, complètement à côté de la plaque en comparaison de simples publicités qui ont réussi à saisir l'esprit du moment.

Ce qui aura frappé tous les observateurs, c'est que la communication autour des mesures semblait s'adresser exclusivement à un archétype de famille belge – parents et enfants dans une maison avec jardin – dans lequel une très grande partie de la population ne se reconnaissait pas, à juste titre. Comme si la communication ne pouvait s'adapter aux réalités familiales et sociales contemporaines ou aux difficultés spécifiques rencontrées par certains groupes. La communication au sujet des mesures apparaissait donc comme une série d'injonctions inadaptées à la réalité vécue par beaucoup, ce qui décrédibilisait immédiatement leur adoption. Comment se réjouir de la réouverture des jardineries et des magasins de bricolage lorsqu'on est confiné dans un appartement ou que l'on préfère simplement lire ou aller au musée ? Comment comprendre les concepts de bulles familiales lorsque les recompositions ont amené les familles à devenir des réseaux de personnes qui passent d'un domicile à l'autre au gré des arrangements de garde entre différents parents, grands-parents et parfois amis ? Comment accepter des injonctions de distanciation sociale dans la rue alors qu'il est difficile de les respecter à l'endroit où l'on vit ou qu'elles ne peuvent pas être respectées sur le lieu de travail ? Comment mettre en œuvre la quarantaine si des obstacles concrets comme la perte de revenu ou la garde d'enfants sont rencontrés ? Et comment être surpris que chacun cherche à adapter ce qu'il a plus ou moins bien compris des mesures à ses propres besoins et contraintes ?

Pour être efficace et toucher tous les publics, la communication doit aller vers ceux auxquels elle s'adresse, s'adapter elle-même à leur réalité, et pas l'inverse. Mais pour cela, il aurait fallu l'investir de moyens bien plus importants, car les grandes campagnes de diffusion qui comptent uniquement sur les médias traditionnels et les réseaux sociaux ne peuvent pas suffire. Il aurait été possible de déployer une activité sur le terrain, de mobiliser les acteurs intermédiaires, les médecins généralistes, les maisons médicales, les profs, les animateurs de rue, les responsables d'associations, les responsables religieux. La nécessité d'une communication de terrain n'a rien d'extraordinaire ni de révolutionnaire. Les méthodes sont parfaitement connues. À chaque élection, nous recevons des dizaines de dépliants qui nous décrivent les programmes des partis ; les hommes et femmes politiques vont sur le terrain, sur les marchés, à la rencontre des gens. Ils participent à des débats, investissent les réseaux sociaux, recrutent des *community managers* chargés d'y accompagner la communication. Pourquoi l'investissement massif qui est mis en œuvre pour organiser une communication proche des gens lors de campagnes électorales n'aurait pas pu être mobilisé pour sensibiliser la population à l'ensemble des mesures que chacun pouvait entreprendre ? Pourquoi les jeunes n'ont-ils pas pu faire l'objet de mesures et d'une communication particulière alors que, comme on l'a déjà relevé, ils se distinguent par le caractère structurant de leurs liens sociaux, une fréquence de contacts plus élevée que pour les personnes âgées, et surtout le fait qu'ils ne soient pas à risque et ne se sentent en rien bénéficiaires directs des mesures ? La Région bruxelloise mènera bien l'initiative louable d'une campagne autour des mots « Covid Breakers », mais le décrochage vis-à-vis des messages du gouvernement est déjà là et il sera très difficile de récupérer l'adhésion d'une grande partie de la jeunesse.

Et dans cette communication, chaque détail peut compter, même le choix des mots. Imaginez que je vous présente les choses de deux manières. Première version : « Nous allons mettre en place un système centralisé de testing et de tracing qui va vous contacter si vous êtes positif pour tracer vos contacts afin qu'ils se mettent en quarantaine. » Deuxième version : « Si vous êtes positif à un test, vous serez contacté par un auxiliaire de santé qui va déterminer avec vous les personnes qu'il y a lieu d'avertir, afin qu'elles puissent prendre des précautions vis-à-vis de leurs proches et de leurs contacts professionnels. » Quelle version vous donne le plus envie d'adhérer ? Dans les deux cas, il s'agit d'une description du système de testing et tracing, mais la seconde formulation ne suscite pas les mêmes craintes et rappelle implicitement qu'il s'agit de protéger les personnes d'un risque. Le choix des mots pour désigner ce système a son importance. Les termes « système de tracing » évoquent de fait d'être « tracés » par une autorité et renvoient aux craintes d'un État policier, à la peur de perdre nos libertés individuelles. Ces termes pourraient tout à fait avoir été remplacés par ceux de « système de prévention » ou « d'avertissement » qui évoquent un objectif beaucoup plus louable qui est de prévenir une personne qu'elle est peut-être en danger ou qu'elle pourrait contribuer à réduire ce danger pour les autres.

Le deuxième grand écueil de la communication, ce sera le manque de cohérence entre les mesures qui viendra compromettre la crédibilité de l'ensemble aux yeux du grand public. Vers la fin de l'été par exemple, on aboutira à une situation absurde au cours de laquelle certains rentreront dans un café pour pouvoir y retirer le masque qui est imposé à l'extérieur. Le port du masque en rue, que l'on soit seul ou accompagné d'une personne de la même bulle familiale, apparaîtra comme le summum de la norme inutile. On l'a déjà évoqué, mais les mesures qui s'appliquent à différents secteurs n'ont jamais été pensées pour être cohérentes entre elles. Chacune a résulté d'arbitrages entre des intérêts sanitaires, sociaux, économiques, de bien-être et de faisabilité, de manière à composer un ensemble permettant de maintenir la transmission générale sous un certain niveau. Et dans ces décisions, il y avait aussi des choix de nature politique.

La réouverture des écoles, par exemple, et le maintien de leur ouverture pendant la deuxième et la troisième vague sont très emblématiques de ce type d'arbitrages, tant la mesure conjugue des intérêts différents. Celle-ci est essentielle du point de vue de la santé mentale des parents et des enfants, elle contribue à limiter l'impact de la pandémie sur les apprentissages des enfants et adolescents et elle permet de maintenir un certain niveau d'activité professionnelle pour les parents de jeunes enfants. Même si, malgré les protocoles visant à réduire les risques de transmission en milieu scolaire, cette réouverture aura un certain coût épidémiologique, puisqu'il sera difficile d'empêcher complètement la transmission sur les lieux scolaires ou dans les transports en commun qui y mènent. Pour toutes ces raisons, la fermeture des écoles sera proposée en tout dernier recours.

Le port du masque en rue est un autre exemple intéressant. Il est évident que celui-ci est complètement inutile pour les personnes qui marchent seules ou accompagnées de quelqu'un avec qui elles vivent. Une alternative, en apparence plus raisonnable, aurait été de n'imposer le masque en extérieur que dans des circonstances dans lesquelles une certaine distance ne peut être respectée entre les personnes, comme sur un trottoir particulièrement fréquenté, dans une file d'attente ou dans un marché. Mais cette alternative présente des tas de difficultés de mise en œuvre et de contrôle dans l'espace public, car elle introduit un double arbitraire : dans le chef de celui qui est censé porter le masque s'il est trop proche d'une autre personne, et dans celui de la personne qui le contrôle. On peut déjà imaginer la scène :

Monsieur, vous devez porter le masque !

— Pourquoi ? Nous sommes à plus d'un mètre cinquante l'un de l'autre...

— Non, Monsieur, moi je vous dis que vous êtes plus près.

— Je conteste, attendez, nous allons tendre nos bras...

— Monsieur, vous voyez, vous avez reculé d'un pas !

— Oui, mais je m'étais rapproché pendant la conversation.

— Ah vous voyez ! Éloignez-vous ou bien portez le masque !

— Oui, mais je suis avec mon fils, nous vivons sous le même toit.

— Vous n'auriez pas pu le dire plus tôt ?

Quelle que soit la modulation d'une règle qui serait basée sur la distance interpersonnelle, la taille d'un groupe ou sa densité, elle aurait été soumise à ce type de problème dans lequel la subjectivité de celui qui contrôle se heurte à celle de celui qui est mis en cause. Le port du masque généralisé permettait de résoudre cette difficulté et présentait l'avantage supplémentaire d'éviter que des personnes oublient leur masque chez eux. On en a tous fait l'expérience, après trois pas dans la rue, de voir des gens masqués et de se dire : « Ah zut, mon masque... » avant de faire demi-tour. Enfin, cette mesure était très facile à contrôler.

Troisième exemple, les cafés et restaurants. Ceux-ci sont des lieux très difficiles à sécuriser d'un point de vue sanitaire pour des raisons déjà exposées. Par nature, on va dans un café ou un restaurant pour y boire ou y manger, le port du masque n'y est donc pas possible (personne, et heureusement, n'a sérieusement envisagé un protocole où l'on enlèverait le masque à chaque gorgée ou bouchée). C'est le plus souvent un lieu intérieur dans lequel la ventilation est loin d'être facile, surtout en automne et en hiver. C'est un lieu où l'on reste pour un certain temps et, généralement, on a le plaisir d'y parler avec d'autres personnes. Dans la plupart des autres activités, qu'il s'agisse d'aller chez le coiffeur, d'assister à un spectacle ou à un cours, de faire ses courses ou de prendre le tram, il est possible de maintenir le port du masque, ce qui limite considérablement le risque de transmission. Le maintien de l'ouverture des cafés et des restaurants à des moments où la transmission repartait à la hausse obéissait donc principalement à des motifs économiques. On préférait d'abord imposer les masques à l'extérieur, ce qui était perçu comme une mesure simple à appliquer et avec un impact socioéconomique limité, avant d'envisager la fermeture des bars et des restaurants. Ce qui a abouti à l'absurdité d'avoir à entrer dans un café pour pouvoir enlever son masque.

Chacun de ces exemples illustre bien le décalage qu'il peut y avoir entre les motivations qui ont amené à l'établissement de mesures et leur perception si celles-ci ne font pas l'objet d'une communication large, proactive, soignée, comprise par tous.

Le côté relativement arbitraire de certaines décisions politiques et économiques va aussi contribuer à susciter l'incompréhension, voire la révolte. Durant la deuxième vague et la troisième vague, le secteur culturel – des spectacles, du théâtre, de la danse, du cinéma, de la musique – sera un des derniers à rouvrir, alors que différentes études montrent qu'il est possible de relativement bien le sécuriser par des protocoles et qu'il peut fonctionner dans ces conditions en contribuant de manière très limitée à la transmission. Et le secteur qui interpelle le pouvoir politique se voit renvoyé au devoir de solidarité vis-à-vis des malades et des décès, alors que, dans le même temps, d'autres types d'activités pouvant tout autant, voire plus, contribuer à la transmission, comme les métiers de contact ou les centres commerciaux, ont été autorisés à reprendre leurs activités.

En nous privant de contacts sociaux, la pandémie nous privait temporairement d'un peu de notre humanité. Et dans une période dominée par la peur, quoi de mieux pour nous y reconnecter, pour s'évader, pour rêver, que des spectacles vivants ? Quelle occasion manquée par le gouvernement de ne pas l'avoir compris !

L'incompréhension va aussi concerner des dizaines de petites règles et protocoles qui furent imposés à différents secteurs. En raison de l'ampleur de la tâche qui consistait à identifier rapidement des protocoles de réouverture des différents secteurs, ceux-ci furent établis par des sous-groupes de travail très variés qui devaient chacun identifier des dispositions de prévention. Mais les mécanismes de transmission qu'ils étaient censés éviter n'étaient pas toujours très clairs, et les bénéfices potentiels souvent mal évalués, en particulier dans un contexte où l'application de ces protocoles était laissée à l'appréciation des acteurs eux-mêmes. Ceci a abouti, ici encore, à des protocoles dont on peut franchement s'interroger sur les bénéfices, voire qui ont pu aboutir à l'effet inverse de celui recherché.

Pendant l'été, par exemple, je me retrouve un jour dans un restaurant où le propriétaire, croyant bien faire, avait entouré entièrement chaque tablée de feuilles de plastique, formant des sortes de niches garantissant que toute personne infectée serait à peu près sûre de contaminer les autres de la même tablée. Les serveurs allaient de table en table, le masque chirurgical sous le nez, en insistant beaucoup pour que nous utilisions le code QR pour commander afin d'éviter le risque de transmission par les cartes. Il y eut aussi cette mode des minimasques de plexiglas transparents posés sur le menton face à la bouche qui ne servent sans doute à rien, sauf à montrer que l'on respecte les règles. Ou encore cette obligation pour les tenanciers de conserver une adresse de contact par table ; une décision qui fut prise sans se préoccuper réellement de la faisabilité pour les centres de testing et tracing de récolter ces données pour remonter les chaînes de transmission. Une connaissance, musicienne, m'interrogeait l'autre jour sur l'interdiction qui lui avait été signifiée de visiter un musée avec son violon qu'elle préférait ne pas laisser à la consigne, au motif de « règles Covid ». Et je fus bien incapable de lui expliquer en quoi cette mesure changeait quoi que ce soit au risque de transmission. Il y eut ainsi des dizaines, si pas des centaines, de petites règles, soit imposées pour se conformer aux protocoles, soit mises en œuvre par l'excès de zèle de certains acteurs eux-mêmes ; autant de petites mesures semblant arbitraires, vexatoires, auxquelles chacun était appelé à se soumettre sans pouvoir les contester et qui, mises bout à bout, ont inévitablement contribué au sentiment de ras-le-bol généralisé.

Et à côté de cela, à l'abri des regards, dans l'espace privé ou dans le monde de l'entreprise, parfois délibérément, parfois en le subissant, beaucoup faisaient l'expérience de situations infiniment pires que ce qui se déroulait dans l'espace public, et ne pouvaient logiquement qu'afficher une certaine incompréhension, voire un certain dédain, à la vue des jolis parcours qu'on leur avait dessinés sur le sol des lieux publics pour éviter qu'ils puissent en croiser d'autres. Car même s'il y eut des contrôles de police à domicile, ou de l'inspection du travail dans les entreprises, combien de situations problématiques ceux-ci arrivaient-ils réellement à empêcher ? Et c'est sans doute dans ces lieux-là, et dans l'adhésion et le respect des recommandations que chacun pouvait y exercer, que beaucoup se jouait.

Il est toujours plus simple de refaire la bataille après qu'elle s'est déroulée. Mais sans revenir sur les mesures elles-mêmes, si j'avais pu rêver une communication gouvernementale, elle aurait été la plus claire possible sur le processus de transmission lui-même, elle aurait assumé et explicité la nature politique de certains choix et arbitrages, distingué les motivations opérationnelles de certaines mesures et serait allée à la rencontre des différents publics en s'y adaptant.

CHAPITRE 7

Et maintenant, on fait quoi ?

Depuis des décennies, tout semble figé, enfermé. Le moindre déficit budgétaire fait face à une sorte de mur incontournable et inamovible des règles de convergence économique. Face à la menace du changement climatique, à la formidable mobilisation des jeunes pour que le pouvoir prenne enfin cette question à bras-le-corps, cela tergiverse, on reporte, tout prend du temps. Nous nous retrouvons enfermés dans le « *There is no alternative* » de Margaret Thatcher, qui semble ne laisser aucune place à un autre modèle, une autre manière de penser le futur.

Mais voilà que tout d'un coup, face à un danger imminent, tout, ou presque tout, semble permis. On ferme ! On arrête les industries, les voitures, les avions ! Chacun chez soi et advienne que pourra ! L'économie ? Quelle économie ? On verra bien ! Face à l'urgence, sans qu'il y ait le temps de mener une longue réflexion influencée par les orientations politiques, le choix spontané, presque intuitif de la plupart des sociétés et chefs d'État, à l'exception des Trump et Bolsonaro de ce monde, est d'aller jusqu'à arrêter l'économie pour faire jouer la solidarité et protéger les plus vulnérables.

C'est un fait absolument remarquable qui n'a pas été suffisamment souligné. Il montre que dans l'inconscient collectif et son incarnation dans le pouvoir politique, lorsque des questions d'urgence vitale sont en jeu, c'est bien l'économie qui doit se mettre au service de l'homme et non l'inverse. Notre économie s'est mise à l'arrêt pour protéger des personnes qui pour la plupart ne sont plus professionnellement actives. Nous sommes donc encore capables de cela, nous mobiliser collectivement, transformer nos vies en profondeur pour réagir à une menace qui ne concerne qu'une faible fraction d'entre nous mais nos semblables – nos amis, nos parents, nos grands-parents, nos voisins.

Nos sociétés ne sont donc peut-être pas si fragiles que cela. Le flux tendu de l'économie ne mène pas forcément à l'effondrement de la société dès que les industries se mettent à l'arrêt. Il y a une capacité d'absorption, une résilience, une cohésion sociale qui tient bon. Personne n'est sorti manifester dans la rue contre le premier lockdown qui fut pourtant le plus strict. Tous ont pris conscience de l'importance des métiers essentiels qui sont souvent les moins valorisés socialement. On a applaudi chaque soir les soignants dans la rue. Quelle démonstration ! Face à la crise, face à l'urgence, au plus profond de nous-même, le premier réflexe a été celui de l'empathie, du secours à l'autre, de la solidarité.

Alors, oui, sans angélisme, sans naïveté, la première chose que j'ai envie de retenir de ce qui nous est arrivé, c'est cela. Avant le déconfinement et la contestation, la politisation des débats, le lobbying des secteurs, les pressions venant de toutes parts pour que le monde puisse reprendre sa course folle, avant tout ça, le premier réflexe, face à l'urgence vitale, fut celui de l'humanité. Jamais sans doute un événement ne sera venu s'immiscer dans l'intime de la vie de chacun, conscient et informé en temps réel que ce que sa biologie affronte est analogue à ce que quelqu'un d'une autre langue, d'une autre culture, est occupé à vivre de la même manière à l'autre bout du monde.

Et à partir de là, tous les espoirs sont permis. Car il y aura d'autres crises, d'autres défis à surmonter, d'autres enjeux vitaux qui ne se poseront peut-être pas dans l'urgence, mais n'en seront pas moins essentiels. Et pour affronter ceux-ci, nous aurons bien besoin de cette solidarité, de cette mobilisation pour l'autre, de l'économie qui se met au service de la société.

Mais on ne peut s'arrêter à ce constat. Car la crise a également été révélatrice de nos limites. Si les vaccins n'avaient pas été produits et déployés aussi rapidement, je ne pense pas que nous aurions tenu encore longtemps sans devoir affronter des problèmes critiques de cohésion sociale, tant la tension entre les gouvernements et les populations épuisées par de longs mois de mesures étaient devenues fortes. Et nous n'avons sans doute pas encore mesuré l'importance de l'impact en termes de santé mentale qui prendra du temps à se résorber. La gestion de la pandémie a été très emblématique d'une déconnexion entre le pouvoir incarné par le gouvernement et toute une partie de la société civile qui ne semble plus prête à accepter une certaine vision que l'État impose aux citoyens. La pression que la pandémie et les mesures sanitaires ont mises sur notre société a également abouti à une forte polarisation du débat entre, d'une part, le devoir de solidarité et de protection collective et, d'autre part, le droit à l'autodétermination, y compris en prenant des risques pour soi.

Depuis le début de l'épidémie, la gestion a suivi le même modèle. Des experts, dont les conditions de sélection sont peu claires, font des recommandations au pouvoir exécutif qui les traduit dans la prise de décisions. Si cette approche peut évidemment se justifier dans la situation d'urgence de la première vague, on doit interroger son prolongement dans les mois qui vont suivre. Il y a bien eu la tentative de sortir de ce schéma par un rôle plus actif du Parlement au travers de la Commission d'enquête sur la première vague et des travaux sur la « loi pandémie », qui auraient permis de rééquilibrer les pouvoirs exécutif et parlementaire. Mais cette loi va arriver tardivement et a toutes les chances d'être finalement adoptée lorsque l'essentiel de la crise sera derrière nous. Et à côté du faible rôle joué par le Parlement, la place laissée à la participation des acteurs, qu'ils soient de simples citoyens directement concernés par les mesures d'isolement social ou des représentants des différents secteurs visés par les mesures, a été minimale et réduite à certaines consultations menées par des ministres ou des groupes d'experts. Mêmes les acteurs intermédiaires que peuvent être les syndicats, les mutuelles, les associations de consommateurs, et qui font office de relais entre le pouvoir politique et les citoyens, auront une place très peu visible dans un espace médiatique largement dominé par les politiques et les experts.

Or, lorsque la crise s'installe dans la longueur, il faut pouvoir compter sur l'adhésion de chacun à une stratégie commune. C'est à ce moment-là que la déconnexion entre les pouvoirs exécutifs et la société civile va venir alimenter une contestation croissante des mesures sanitaires. C'est ainsi qu'au printemps 2021, après de longs mois de crise, des mouvements de désobéissance civile relativement hétérogènes se développent et s'expriment de manière de plus en plus radicale.

7.1. Une plus grande participation citoyenne

Dès le début des travaux du GEES, et après quelques discussions avec différents interlocuteurs très actifs dans le domaine de la participation citoyenne et de la réforme des processus démocratiques dont David Van Reybrouck et Yves Dejaeghere, nous proposons qu'à côté du comité d'experts, on puisse mettre en place un panel de citoyens qui aurait été chargé d'exposer sa vision du déconfinement, de réfléchir à des mesures adaptées aux citoyens. L'idée n'était pas que ce panel se substitue aux experts du GEES, mais qu'il travaille en parallèle et aboutisse à des propositions. Ce travail aurait eu de très nombreux avantages. Il aurait permis d'identifier les points de convergence entre les recommandations des deux groupes, c'est-à-dire des mesures pouvant susciter une adhésion relativement large dans la société et pouvant être implémentées ou maintenues en priorité. Il aurait également permis de recenser les mesures qui étaient peut-être pertinentes du point de vue épidémiologique, mais plus difficiles à comprendre, à mettre en place ou à supporter à long terme par la population. Par quelques allers-retours entre le groupe d'experts et le panel, elles auraient pu soit être adaptées, soit faire l'objet d'une attention particulière en matière de communication. Un autre bénéfice aurait été celui d'idées parfois nouvelles qui peuvent être émises par un groupe de personnes mobilisées autour d'une même question. Enfin, cette participation aurait eu la vertu symbolique forte de montrer que le pouvoir, face à une situation tout à fait exceptionnelle, se mettait à l'écoute de ses citoyens. Les recommandations formulées au gouvernement auraient bénéficié de l'échange entre le GEES et ce panel, avec la liberté pour le gouvernement de décider, de la même manière qu'avec le GEES seul, d'en adopter certaines ou d'en rejeter d'autres. Cela n'aurait en rien remis en cause l'autonomie et la légitimité du pouvoir politique à prendre les décisions et en assumer la responsabilité.

Le projet a été déposé sur la table du GEES, renvoyé pour avis au cabinet de la Première Ministre, mais aucune suite n'a été donnée à cette proposition.

Le recours à des panels citoyens n'a rien de neuf. De nombreuses initiatives ont déjà été prises dans ce domaine, dont celle du G1000 dans laquelle 1 000 citoyens tirés au sort de manière à présenter un échantillon représentatif de la population belge ont débattu en 2011 de quatre enjeux sociétaux engageant l'avenir de la Belgique. Ces approches suivent une méthodologie cadrée par laquelle des citoyens sélectionnés au hasard délibèrent de questions publiques en s'appuyant sur des documents et personnes-ressources qui alimentent les discussions. C'est un processus relativement analogue à celui d'un jury d'assises qui s'appuie sur le même principe de base : sur certaines questions, un groupe de personnes bien informées est parfaitement en mesure de prendre des décisions complexes et pondérées.

La France l'a proposé, en mettant en place en janvier 2021 un panel de 35 citoyens chargés d'examiner la question de la campagne de vaccination. Mais ce panel va un peu perdre de sa raison d'être au cours des semaines qui suivront à la suite d'un important basculement de l'opinion publique en faveur de la vaccination.

Les panels citoyens ne sont certainement pas une panacée, les tentatives ne sont pas toujours des succès. Mais lorsque leur intégration avec les autres instruments démocratiques se fait bien, ils peuvent contribuer à la formulation de questions nouvelles, à des prises de décision complexes, à une plus grande acceptabilité par la société ainsi qu'à un renforcement de la confiance entre les citoyens et le pouvoir politique.

En juin 2020, l'OCDE publie un rapport intitulé « Participation citoyenne innovante et nouvelles institutions démocratiques : la vague délibérative » qui fait état de près de 300 exemples de processus délibératifs représentatifs[36]. En mai 2021, la Conférence sur l'avenir de l'Europe[37] organisée sous l'autorité des présidents du Parlement européen, du Conseil et de la Commission européenne se dote de quatre panels citoyens de 800 participants tirés au sort. En juin 2021, le Sénat belge vote un rapport d'information sur une participation accrue des citoyens au système démocratique, et, en septembre 2021, la question de la participation citoyenne en temps de crise sera au centre des discussions d'un panel citoyen organisé par la Région de Bruxelles-Capitale.

En ne recourant pas à un processus participatif dans la gestion de cette crise, nous avons peut-être manqué une formidable opportunité de renouveau démocratique. Il était sans doute trop tôt.

7.2. Une expertise plus diversifiée et une mise en débat

La constitution des groupes d'experts et leur composition posent également de nombreuses questions, par une représentation très importante des sciences biomédicales au sens large (virologie, épidémiologie, infectiologie, mais pas la psychiatrie). De nombreuses expertises qui auraient été particulièrement utiles à l'aide à la décision n'y ont été que très peu, voire jamais, représentées. C'est particulièrement le cas des sciences humaines : droit, économie, sociologie, sciences du travail, sciences du comportement, psychologie, communication. Dès le moment où l'on fait face à un problème qui touche à toutes les composantes de la société, dont les solutions reposent

36 OCDE, 2020, https://www.oecd.org/fr/gov/innovative-citizen-participation-and-new-democratic-institutions-339306da-en.htm.

37 Conférence sur l'avenir de l'Europe, https://futureu.europa.eu.

en grande partie sur les comportements collectifs avec des implications sociales, économiques, psychologiques et juridiques profondes, il est étonnant qu'on se soit privé d'une expertise plus diversifiée qui aurait pu couvrir ces questions. Pourtant, l'expertise était là et a fait offre de service. Dans la semaine qui a suivi la formation du GEES, 123 académiques se mobilisent et rassemblent un document de 200 pages faisant des propositions concrètes et constructives pour donner plus de place à l'humain dans le déconfinement[38].

Avec une représentation aussi faible des sciences humaines dans les groupes d'experts, comment s'étonner du peu d'importance accordée à la santé mentale, de certaines réalités familiales, de l'inadéquation de recommandations vis-à-vis de certains groupes sociaux et culturels, des nombreux « couacs » de communication, ou des problèmes juridiques qui vont être posés par quelques dispositifs ou mesures en termes de protection de la vie privée et de respect des droits fondamentaux ? Et de ce côté-là, il y aura très peu de progrès au cours de la crise. Au sein du GEMS qui conseille aujourd'hui le gouvernement, les sciences humaines sont pratiquement absentes. Qu'on en juge : une présidente, Erika Vlieghe, six représentants des autorités sanitaires à différents niveaux, dix experts du monde biomédical et six experts pour couvrir les aspects plus sociétaux, dont trois travaillant dans des domaines liés à la santé (santé publique, économie de la santé, santé du travail). Finalement, sur un groupe de vingt-quatre personnes, seules trois peuvent être apparentées aux sciences humaines.

La diversification de l'expertise n'est pas simple à organiser, chacun ayant des approches, visions et méthodes de travail

38 *Le Soir*, 20 avril 2020, https://plus.lesoir.be/295274/article/2020-04-17/123-chercheurs-proposent-leur-aide-au-politique-lhumain-doit-etre-une-priorite.

très différentes. Dès lors, aussi diversifié soit-il, il aurait été nécessaire de construire au sein de ce groupe une base de connaissances communes sur ce qu'est une épidémie et la manière dont on peut la mesurer et la contrôler, qui aurait pu prendre du temps à se mettre en place. Mais je pense qu'une fois ces conditions remplies, une expertise plus diversifiée aurait pu avancer des propositions plus adaptées à différents moments de la crise.

Nous, scientifiques, avons aussi notre part de responsabilité. Le débat scientifique doit exister et rester ouvert, et celui-ci ne s'est pas déroulé dans de bonnes conditions, laissant les citoyens confus face à des experts qui se contredisaient par médias interposés, sans parler des biais médiatiques favorisant souvent la polémique plutôt que la clarté ou la synthèse. Nous aurions énormément bénéficié d'une conférence permanente durant toute la durée de la crise dans laquelle les questions auraient pu être débattues de manière ouverte entre scientifiques, qu'ils participent aux groupes d'experts du gouvernement ou pas. Nous avions réussi à mettre en place un forum de ce type en septembre 2020 sous l'égide des Académies. Les scientifiques présents n'étaient pas tous d'accord sur les questions de fond, mais ils étaient unanimes sur l'utilité de la rencontre. Mais par manque de temps, de ressources, de volonté peut-être, personne n'a pris le relais du comité organisateur de ce premier opus pour en faire un événement récurrent.

Ce forum permanent aurait eu de nombreux avantages. Il aurait permis à ceux qui sont extérieurs aux groupes d'experts du gouvernement de mieux comprendre les éléments scientifiques et le contexte ayant amené aux différentes recommandations et aux décisions. De plus, il aurait offert un cadre beaucoup plus constructif pour que les experts qui conseillent le gouvernement puissent entendre les arguments émanant de la communauté scientifique, dans un cadre disciplinaire plus large. Ce forum aurait enfin permis d'identifier les éléments faisant l'objet d'un large consensus, et *a contrario*, ceux sources de débats ou d'oppositions. On peut même se mettre à rêver que cette conférence permanente aurait pu s'appuyer sur une plateforme de données publiques permettant aux différents scientifiques d'accéder exactement aux mêmes sources, l'accès libre aux données épidémiologiques ayant posé beaucoup de difficultés pendant la crise.

Enfin, de nombreux interlocuteurs, qu'ils fassent partie des autorités sanitaires ou des experts, restent ancrés dans une vision selon laquelle la technologie est en capacité de proposer des solutions simples et définitives à des problèmes complexes comme celui de la pandémie. Ceux-là vont se faire les défenseurs acharnés de la vaccination à tout prix qui pourrait à elle seule régler tous les problèmes posés par cette pandémie et nous permettre de retrouver « le monde d'avant » au plus vite. L'efficacité de la vaccination n'est pas ici en cause, elle constitue un élément central de la prévention et il est très heureux qu'un vaccin aussi efficace ait pu être déployé en aussi peu de temps. Mais c'est un peu comme si on avait trouvé le Graal. Vite, vite, déployons le vaccin, le « Techno Fix » au plus vite, que l'on puisse tout reprendre comme avant. Or, la vaccination ne peut pas se suffire à elle-même. Elle doit rester intégrée à une stratégie complète de prévention qui tient compte de l'hésitation vaccinale, des barrières sociales et culturelles et des autres moyens de prévention à notre disposition face à des processus évolutifs toujours possibles.

En outre, le fait que l'on dispose de cet outil important dans la lutte contre la pandémie ne doit pas faire oublier les causes plus systémiques à cette crise, les conditions qui ont amené à l'émergence et à la propagation de ce virus : les conditions de vie et de travail dans certaines maisons de repos, la dégradation des conditions de travail des professionnels de la santé, la perte de confiance dans l'État et sa police, la nécessité de repenser en profondeur la prévention et l'éducation à la santé, tant pour les maladies qui se transmettent par les voies aériennes que pour celles qui rejoignent les rangs des fameuses « comorbidités ».

Ici encore, une conférence permanente sur la gestion de la crise du Covid aurait été un lieu idéal pour élargir la réflexion et réfléchir à des pistes de solution qui ne soient pas uniquement biomédicales.

7.3. Une science ouverte vers la société

Du côté des scientifiques, il y a aussi une partie du chemin à faire. La communauté scientifique a son propre establishment, ses propres travers, ses propres faiblesses. Le monde académique s'est laissé entraîner dans une course à la production scientifique qui le coupe du reste de la société. Les carrières scientifiques et le financement de la recherche sont très fortement influencés par la production scientifique qui se mesure par le nombre et le prestige des publications scientifiques, au détriment parfois du partage des savoirs. Pour un jeune chercheur qui n'a pas été stabilisé par un poste permanent, investir du temps et de l'énergie dans l'enseignement ou dans la diffusion des connaissances à destination du grand public est une prise de risque importante. Il ne sera pleinement valorisé dans sa carrière, sécurisé dans son poste, que s'il se retrouve à niveau égal ou supérieur avec un concurrent au niveau de son dossier scientifique. Autant dire qu'il préférera produire de nombreux articles démontrant son investissement dans la production scientifique. Une fois un poste permanent obtenu, il pourra plus facilement équilibrer ses activités scientifiques avec celles d'enseignement ou de service à la société, mais un autre risque menace. Si la productivité scientifique ne suit pas, il va lui devenir difficile d'obtenir des financements pour ses projets de recherche, pour financer ses doctorants et postdoctorants, et, là aussi, l'investissement dans la productivité scientifique peut se faire aux dépens du temps et de l'énergie consacrés à la diffusion des connaissances.

Or, cette diffusion des connaissances est fondamentale. Beaucoup de scientifiques ne réalisent pas à quel point l'adhésion du public aux savoirs repose principalement sur la confiance. Car la plus grande partie du savoir scientifique n'est pas directement observable. Je n'ai jamais vu un atome ou un trou noir, pourtant je suis complètement convaincu de leur existence. Cette conviction tient à la fois au fait que ma formation m'a amené à comprendre la démarche scientifique qui a permis de les identifier, à sa grande cohérence interne, à son autorégulation, ainsi qu'à la confiance que j'ai eue dans le fait que ceux qui me l'ont enseignée ne me racontaient pas n'importe quoi. Mais pour une personne qui n'a pas de formation scientifique et qui n'est donc pas familière de cette démarche, un scientifique n'est rien d'autre qu'une personne qui lui raconte une histoire, qui lui propose une explication au fonctionnement du monde qui n'est pas nécessairement plus valide qu'une autre. Ce qui compte alors, c'est la confiance en la personne qui porte le propos, la cohérence interne du discours et l'adéquation de son contenu avec le système de valeurs de celui qui le reçoit.

Je me souviens d'une longue discussion avec un ami qui contestait l'efficacité d'un médicament prescrit par un médecin, suspecté d'enrichir la firme pharmaceutique qui le commercialisait, pour lui préférer un autre traitement en vente libre recommandé par un autre ami chez lequel celui-ci aurait donné de bons résultats. Outre que le traitement en vente libre enrichit lui aussi une firme, en se basant simplement sur un autre type de diffusion et de marketing, cette discussion m'avait fait prendre conscience de la difficulté de communiquer en l'absence d'un socle commun sur ce qui fonde la démarche scientifique. Dans le même temps, les conflits d'intérêts et dissimulations réels et avérés qui ont jalonné l'histoire de la commercialisation des médicaments rendent la méfiance très légitime, surtout pour ceux qui ne sont pas familiers des procédures qui conditionnent leurs autorisations de mise sur le marché et des dispositifs de pharmacovigilance qui ont été mis en place pour détecter et quantifier l'apparition d'effets secondaires inattendus qui pourraient émerger.

Qu'il s'agisse de l'origine anthropique du changement climatique, de l'effet des ondes électromagnétiques des téléphones portables sur le cerveau, ou des risques de la vaccination, il se trouvera toujours un scientifique, avec un titre qui lui octroie une certaine légitimité, pour développer tout un argumentaire basé sur une sélection d'éléments cohérents et vérifiables afin de convaincre que les autres scientifiques racontent n'importe quoi, que l'establishment l'ignore, qu'il détient une vérité très importante qui doit absolument être connue de tous, et qui, et c'est bien scandaleux, n'est pas suffisamment relayée par les médias traditionnels. Le problème n'est en rien la question qui est posée. Chacune de ces questions citées en exemple mérite d'être traitée en profondeur. Le problème est que ceux qui adoptent cette posture ne sont généralement pas rejetés par leurs pairs sans raison. Le plus souvent, c'est parce qu'ils n'ont pas réussi à les convaincre par des arguments scientifiques suffisamment robustes. Ils se tournent alors vers les réseaux sociaux où cette parole alternative trouve une large caisse de résonance auprès d'un public qui n'a pas l'expertise ou le socle de connaissances pour pouvoir en contester le fond.

Il ne faudrait pas en conclure que la communauté scientifique est infaillible et que ceux qui tiennent un discours différent sont nécessairement dans le faux. Le milieu scientifique est très conservateur et les idées nouvelles qui viennent bousculer l'état des connaissances ont des difficultés réelles à émerger, alors qu'un fait scientifique n'est vrai que le temps qu'il soit infirmé. Il n'est pas inamovible, au contraire. Par exemple, l'hypothèse d'une origine humaine du virus du SRAS-CoV-2 qui serait issu d'un accident de laboratoire à Wuhan a été dans un premier temps considérée comme purement « complotiste ». Mais petit à petit, la persévérance de quelques internautes et de petits groupes de scientifiques va permettre de rassembler des éléments qui vont donner plus de vraisemblance à cette hypothèse. Elle va se confronter à l'avis d'autres scientifiques qui vont se laisser convaincre et finira par être jugée suffisamment crédible pour que le président Biden ordonne une enquête officielle auprès de ses services de renseignement. Les scientifiques eux-mêmes ont fait le boulot de sortir cette question de l'accusation de complotisme. Mais ils l'ont fait en cherchant des arguments scientifiques et en mettant la question en débat auprès de leurs pairs. Il y a une dizaine d'années, avec Thomas Van Boeckel qui faisait sa thèse de doctorat sous ma direction et quatre autres collègues, nous avions écrit un article qui décrivait la croissance mondiale des laboratoires qui sont amenés à faire des expériences de virologie avec des pathogènes potentiellement dangereux. Notre conclusion était qu'en raison de la multiplication de ces laboratoires dans de grandes villes, et pour une probabilité constante d'accident par laboratoire, le risque général d'un accident pouvant avoir des conséquences globales avait augmenté significativement au cours des vingt dernières années, en particulier en Asie. Nous avions soumis cet article à différentes revues qui l'avaient toutes refusé et, en désespoir de cause, nous avions fini par le déposer à une archive publique[39]. S'agissait-il d'un certain conservatisme des éditeurs des revues biomédicales, qui comptent souvent des virologues qui ne veulent sans doute pas alarmer sur leur discipline ? Ou simplement l'article n'était-il pas assez bon ? Difficile à dire. Mais rétrospectivement et à la lumière des interrogations sur l'origine du SRAS-CoV-2, je persiste à penser que la question méritait vraiment d'être exposée et nous aurions gagné à nous montrer plus persévérants auprès de nos collègues.

Les connaissances scientifiques bougent, évoluent, s'autocorrigent, il faut juste leur donner un peu de temps. Mais en pleine pandémie, alors que de nouvelles connaissances, de nouveaux traitements, de nouveaux vaccins apparaissent au milieu d'un foisonnement d'articles scientifiques de toutes sortes, qui se mêlent aux experts qui s'expriment dans les médias traditionnels et alternatifs, comment ne pas s'y perdre ?

Un meilleur engagement des scientifiques dans la communication, tant des résultats que de la démarche ayant abouti à les produire, constitue la manière la plus constructive de donner à chacun les moyens de forger son opinion et de faire la part des choses entre les discours alternatifs constructifs qui participent réellement au débat et ceux qui s'appuient sur du vent pour semer le doute, la suspicion, le discrédit et la division.

---

39 Thomas Van Boeckel *et al.*, « The Nosoi commute : a spatial perspective on the rise of BSL-4 laboratories in cities », https://arxiv.org/abs/1312.3283.

Il faut réinvestir le partenariat entre science et société. Qu'il s'agisse de sciences exactes et naturelles, de sciences de la vie ou de sciences humaines, toutes sont essentielles et contribuent à la meilleure compréhension du monde sur laquelle nous devons nous appuyer. Participation à des groupes d'experts pour conseiller les autorités publiques, participation à des débats publics, conférences, activité sur les réseaux sociaux, coconstruction de contenus avec des médias ou de questions de recherches avec des citoyens, publications de vulgarisation, dissémination ouverte des publications et des données de la recherche sur des plateformes publiques, science participative, université des enfants et université interâges, formation continue... Le site The Conversation[40] a été pensé précisément pour servir de plateforme centralisée permettant de vulgariser des contenus académiques en partenariat avec des journalistes. En Belgique, le réseau Carta Academica[41] qui regroupe des académiques qui souhaitent s'engager dans les débats sociétaux a mis en place des partenariats avec le journal *Le Soir* et Médiapart pour intervenir dans le débat public. Les possibilités pour les scientifiques d'investir la diffusion des connaissances et de s'ouvrir vers la société sont innombrables, et nous devons continuer à nous en saisir. Elles sont aussi essentielles à la société que les publications scientifiques ou les brevets et les spin-off pour certains. Nous n'avons jamais eu autant besoin de science qu'aujourd'hui. Mais nous avons besoin d'une science qui coconstruit, partage et diffuse les innovations techniques, sociales et culturelles avec le même enthousiasme et le même engagement.

---

40 The Conversation France, https://theconversation.com/fr.

41 Carta Academica, https://www.cartaacademica.org.

7.4. Quelle trajectoire face aux crises ?

Qu'est-ce qui restera ? Que verrons-nous dans vingt ans en nous retournant ? Une charnière ayant marqué un changement de trajectoire ? Ou la première d'une série de crises qui vont se succéder ? Une prise de conscience d'une humanité commune qui lie une ville de Chine au reste du monde ? Ou une division croissante entre ceux qui se reconnaissent dans l'État, ses valeurs et son système économique, et ceux qui décrochent, s'y opposent ou le subissent ? Un État qui domine ses citoyens ? Ou un État qui se réforme et se mue en socle sur lequel le citoyen peut construire sa vie ? Retiendrons-nous l'incroyable geste de solidarité collective ayant amené des sociétés entières à s'arrêter pour protéger les plus vulnérables ? Ou la restriction des libertés par un État qui décide et impose par le haut ? Garderons-nous en mémoire le triomphe des sciences et techniques ayant réussi à développer et distribuer massivement des vaccins en un temps record ? Ou la confirmation d'une vision utilitariste de la science dont on se sert et s'empare lorsqu'elle va dans le sens de l'économie, ou que l'on ignore lorsqu'elle annonce la nécessité de changements profonds pour rencontrer l'immense défi du changement climatique et de la crise de la biodiversité ?

La pandémie n'est pas finie et il n'est jamais trop tard pour bien faire. Mais même si elle se termine, nous avons face à nous d'autres défis, d'autres difficultés à surmonter collectivement qu'aucune technologie ni aucun vaccin ne permettront de circonscrire. Changement climatique, perte de biodiversité, dégradation de l'environnement, crise migratoire, toutes ces menaces globales sont sérieuses, parfaitement documentées, et ce sont nos comportements collectifs qui permettront d'y répondre. Comme la crise du Covid, elles amènent notre société à devoir prendre des mesures parfois contraignantes et impopulaires pour prévenir un risque qui ne concerne pas directement la majorité de ceux qui doivent les mettre en œuvre ou les subir. Elles nous forcent à agir sans nécessairement « voir » les victimes, en nous basant sur la confiance que nous pouvons accorder à ceux qui prennent les mesures. Mais là où la pandémie s'est propagée et est venue menacer nos sociétés en quelques mois, les crises globales se développent sur des années, voire des décennies, avec pour certaines un caractère irréversible. Il est beaucoup plus difficile de mobiliser lorsque la menace semble diffuse et éloignée que lorsqu'elle est proche et immédiate, ou qu'elle peut affecter directement des personnes qui font partie de notre entourage. Cette difficulté à mobiliser tient aussi au fait que les transformations de notre société pour répondre à ces enjeux globaux devraient se maintenir dans le temps, là où les efforts que nous avons dû produire pour empêcher la transmission avaient une nature transitoire.

Si la transformation nécessaire à la rencontre réelle des enjeux globaux adopte le même schéma de gouvernance que la gestion de la crise sanitaire, il y a toutes les chances qu'elle aboutisse à une polarisation de la société analogue à celle que l'on a pu observer. Le développement de la démocratie participative, la diversification de l'expertise scientifique, sa mise en débat permanent, la prise en compte de la nature systémique des crises et une ouverture croissante des sciences vers les citoyens apparaissent comme autant de clés permettant de rencontrer les immenses défis qui sont devant nous et qui ne peuvent se résoudre que collectivement.

Remerciements

De nombreuses personnes m'ont
accompagné, aidé et soutenu tout au long de
cette crise, merci à toutes et tous.

Stéphane, merci pour ton amitié,
ta vigilance de tous les instants, pour le filet
que tu as tissé et qui m'a accompagné
et alimenté de bienveillance et d'intelligence
collective.

Merci à mes amis, mes proches et
ma famille qui m'ancrent dans le réel.

Merci à mes parents, à Alban, Agnès,
Annick, Véronique et Bertrand pour
les relectures et conseils.

Juliette, Florian et Lucie, chaque
jour de dialogues, de lutte, de conviction
et de solidarité pour chercher
inlassablement à construire un futur qui puisse
faire rêver à nouveau vous est dédié.

Laure, merci pour ta joie qui rayonne et
enchante chaque journée passée à tes côtés.

Achevé d'imprimer en Belgique sur les presses de l'imprimerie
GRAPHIUS (septembre 2021) - deuxième tirage